平成芭蕉の旅指南

人生が変わるオススメの旅

旅の質が人生を決める

黒田尚嗣 著

JN076078

セルバ出版

まえがき

私は旅を住処とした俳聖松尾芭蕉の生家に近い三重県伊賀市に生まれ、伊賀流忍者発祥の地で育ったことから、芭蕉の生き方に倣って、自らを「平成芭蕉」と自称し、今日まで旅一筋に生きてきました。今日まで日本全国、世界各地を巡り、まるでエンドレスの映画を観ているように、景色や人が絶え間なく変わり、飽きることのないドラマを体験してきたのです。

そして感じたことは、旅は出会いの場であると同時に究極の学びであり、「旅行から人生が変わる」ことが多いということです。

そこで私が思うに、人生を豊かにするためには大いに旅に出て多くの体験を積み重ねることです。たとえ明確な目的のない旅であっても、道中での体験から何かが得られます。

しかし、「旅人は、自分の持っている以上のものは持ち帰れない」とも言われており、事前の予備知識がなく、しかるべきテーマを持たずに旅に出ても、気づきや発見は少ないように感じられます。

20世紀の偉大な歴史学者アーノルド・ジョセフ・トインビー博士は、「人間とは歴史に学ばない生き物である」と明言を残していますが、争いや誤解の多くは、歴史から学ばないことが主な原因かと思われます。

実際、私はこれまで世界各地を訪ねて多くの人と交流し、訪日観光客を迎えるインバウンド事業にも携わりましたが、日本人でありながら日本の歴史文化に対する知識が不十分で、相手国の文化的背景も知らなかったために、誤解を招くことが多々ありました。

そこで世界を知り、日本という国を正しく理解するためには、自国の歴史文化を学び、テーマのある旅を通じて、旅先では物以外の「心の土産」を持ち帰って「日本人としてのプライド回復と真の国際人を目指すべきである」と痛感しました。また、人は生きる上において「心のときめき」が大切ですが、それは「知恵を伴う旅」を通じて得られます。

本書では、その知恵を伴う日本遺産や世界遺産の旅に加えて、人生を変える新しいテーマ旅行を紹介しつつ、平成芭蕉独自の旅の楽しみ方とテーマ旅行に関する企画アイデアノート、さらに私が松尾芭蕉の旅から学んだ旅行術についても紹介しています。

すなわち、通常の旅行では味わえないテーマ旅行の奥深さに触れる『奥の深い細道』の旅です。芭蕉もこだわった旅のテーマを追求し、旅の楽しみ方や旅の満足度を向上させる知恵をお伝えすることにより、1人でも多くの方に「旅行から人生が変わる」体験をしていただければ幸いです。

2023年5月

黒田尚嗣〔平成芭蕉〕

平成芭蕉の旅指南　人生が変わるオススメの旅～旅の質が人生を決める　目次

第2章　旅の達人・松尾芭蕉から学んだこと

第3章　人生を変える新しいテーマ旅行

第6章　自分でテーマ旅行を企画するためのアイデアノート

第7章　現代の格安旅行術～お金を最小限に抑えて最大の楽しみを得るコツ

【旅を住処とした松尾芭蕉と「平成芭蕉」】

第1章　旅の楽しみ方

1　縄文人の「共感力」を見習う

旅の起源は定住生活が始まった縄文時代

私は幼少の頃には山の中で生活し、学生時代には「人類学」を学んだことで、日本文化のルーツとも言われる縄文時代に関心を抱くようになりました。縄文人は狩猟・採集・漁労を中心に、四季折々、採取できるものを知り、調理方法を工夫して食べ物の種類を増やしつつ、冬に備えた保存食もつくり、長い年月をかけて自然を最大限に活用する術《すべ》を身につけていました。

四季がはっきりしており、食料となる動植物が豊かで、道具の材料になる黒曜石などの資源に恵まれたおかげで、自然と共存できる独自の文化を築いたわけですが、同じ文化が1万年以上も長い期間続いた時代は世界にも例がありません。

縄文人は植物の繊維や動物の毛皮で造った衣類を身につけ、狩猟採集によって得た食材を土器で煮炊きして食べ、クリの木を柱とした竪穴住居に住むという、「衣食住」のほとんどを自然に依存していました。そしてこの竪穴住居の定住生活が始まったことで、縄文人の狩猟採集活動は旅となり、他の集落との交流や交易も盛んになったと推察されます。すなわち今日の旅の起源は縄文時代に遡るのです。

縄文人は旅を通じて知恵を身に付け、多くのことを学びましたが、自然は豊かな恵みをもたらしただけでなく、時として災いをもたらし、生命をおびやかすこともあったはずです。そのため、縄文人は自然を畏れ敬い、その気持ちが生命の誕生を象徴する「土偶」などの形になったと考えられます。

この「土偶」は何に使われたかは諸説ありますが、自然の恵みに感謝と祈りを捧げるためにも使われました。国宝土偶の「縄文のビーナス」や「仮面の女神」は、古墳に埋められた埴輪のように埋葬者の権威を示すものではなく、願いや祈りに使う道具としてつくられたのです。

縄文文化に学び、「共感力」を大切にする

この知恵をしぼって道具をつくり、工夫をこらして自然と共存していた縄文人の生活や考え方は、長い間、私たち日本人の生活と精神の基盤をなしていました。しかし、今日ではより便利で快適な暮らしを求め、無秩序に山を削り、谷を埋めて、森林破壊を行った結果、地球環境の悪化を招いたのです。

現代病の花粉症も落葉広葉樹林に対して常緑針葉樹の杉が増えたことが原因かと思われます。そもそも縄文時代は、自然環境が針葉樹林から堅い木の実をつける広葉樹林に移り変わり、大型動物に代わって動きの速い小型動物が増えた頃から始まったのです。

私は新型コロナウイルスの教訓から、人類は歴史的な変革を求められているような気がします。

私たちは今こそ歴史を振り返り、自然と共存共生していた縄文文化に学ぶべきときではないで

【国宝土偶「縄文のビーナス」（茅野市尖石縄文考古館所蔵）】

しょうか。新型コロナウイルス感染拡大の影響で外出を控えていたときは、運動不足だけでなく、人間にとって大切な直観力などの感覚や人との対話能力も衰えていくような気がしました。

知恵をしぼって道具をつくり、工夫をこらして自然と共存していた縄文人の生活では、日々、旅を友にして感覚は研ぎ澄まされ、文字はなくてもコミュニケーションには長けていたと思われます。

思うに縄文人は、今日の私たちよりも自然や他人に対する「共感力」が秀でていたのでしょう。「共感力」とは一種の直観力で、目に見えない自然の脅威や人の言葉以外のメッセージ（メタメッセージ）も感じ取る能力です。感染症予防には、人との接触を避けることが必要ですが、人は自然や他人との触れ合いが減ると、この生きるために必要な「共感力」が衰えるので注意が必要です。

有名な著書『ジェームス・アレンの法則』（原題：As A Man Thinketh）には「環境が人をつくるのではなく、環境は人本来の姿を自身に明らかにするものである」と書かれていますが、先の見えない現代は、縄文人の共感力を見習うべく、旅に出て人間本来の姿を見つめ直すいい機会かと思います。令和の時代は古代人の生活を振り返るために歴史ある古代遺跡を活かす時代なのです。

2 「何」より「なぜ」を優先する

旅を楽しむにはその目的を明確にする

私が心掛けている旅行を楽しむ術《すべ》は、「何を見る」とか「どこへ行く」ではなく、「目的」と「誰」

にフォーカスすることです。すなわち、行き先を決めるときは「なぜそこに行くのか」、「そこに行けば何が得られるのか」、「そこでは誰と会えるのか」といった行動する「意図」や「目的」を明確にするのです。

この「誰」には故人も含まれ、私は唱歌「故郷」の原風景を訪ねて長野県中野市（旧豊田村）を訪ねる際には、その作者である高野辰之先生の出身地であることを意識し、「山青きふるさと、水清きふるさと」を感じることを目的とします。

そして目的のある旅行から体得した新しい知恵は、活用してこそ生きてきます。旅行をより価値あるものにするためには、新しく学んだことは次の旅行に取り入れることです。そして旅から学んだ新しい知恵を生活にも活かせば、人生も豊かになります。

旅は実践を通じて無形資産を得る行為

旅を通じて学んだ経験が効果的である理由は、それが単なる知識ではなく「実践」から得た生きた知恵であり、自身にとっての無形資産となるからです。教室での学習は「理解」して「説明」できるレベルであり、実践という行動や実体験を伴っていないため、なかなか学んだことを具体的に活かすことができません。

「理解する」ために学ぶのではなく、「実践するために必要な情報を入手する」という行為が旅の本質です。さらに「実践して自分の望む夢を実現させる」という具体的な意識を持ち、その期日を定めれば、自分の理想を実現させるために不必要なことを学ぶ時間も省くことができます。

その結果、学んだ知恵を活かして、新たな旅行計画が具体化できるのです。私は高野辰之記念館で彼の一生について学んだことで、音楽に関する新たなテーマ旅行を企画するためのヒントが得られました。

そこで名所・旧跡を巡る旅においても、地理的な立地や歴史的観点から考察し、テーマを明確にして「なぜ」を意識すると旅は深まります。そして、不明なことは「誰」に尋ねればいいかを考えましょう。

旅の達人は「何かを観る」だけでなく、人に会って、「なぜ」を解き明かす楽しみを知っています。

3　旅では「思い出」より「想い出」をつくる

出会いの「想い出」を大切にする

旅では自分の関心事に対する「思い出」よりも出会いの「想い出」が大切です。私にとって旅の最大の楽しみは旅先で出会った人と絆をつくり、よき「想い出」として残すことです。ここで注意していただきたいことは「思い出」ではなく、「想い出」として残すことです。

「思い」という字は、自分の「田」んぼ（フィールド）について「心」を砕くと書きますが、「想い」という字は「相」手のことに「心」を砕くと書き、相手のことを考えるという行為が伴ってい

【高野辰之（「故郷」の作者）記念館で「故郷」の原風景に触れる】

るのです。すなわち「思い出」は自分中心の記憶とすれば、「想い出」は旅先で出会った相手のことを意識した記憶です。

私の旅では、出会った人が「何を考えているのか」とか「何を望んでいるのか」を推理し、「相手の世界」を基準にコミュニケーションをとります。「郷に入っては郷に従え」ということわざにもある通り、現地の人の話し方や考え方、振舞い方などを参考に「相手の立場になりきって」行動すると相手に喜ばれ、質の高い関係《リレーション》を築くことができるのです。

そして相手といいコミュニケーションを築くためには、会話の中で「～ですか？」という質問の仕方は好ましくありません。なぜなら「～ですか？」と聞くと、これは自分の立場で物事をとらえていることになるからです。

逆に「～ですね？」と尋ねれば、相手の立場にたって物事をとらえていることになり、相手は親近感を覚えると同時にあなたに対する好感度もあがって心の距離が近づきます。

旅先でのコミュニケーション術

特に旅先で出会った初対面の人とのコミュニケーションでは、意識的に「～ですね」という語尾表現を使えば、話を要約しつつ、相手の話を真摯に聞いている証左ともなり、共感を生みやすく、相手の心もオープンになりやすいです。

また、会話においては「そんなに早口で話さないでください」といった否定形ではなく、「もう少しゆっくり話していただけますか」といった「肯定的な表現」を使うようにしましょう。なぜなら、人は否定形には「え？　どうして？」といった反応をしがちで、瞬時にはその内容を受け取れず、その結果、すぐには行動に移してもらえません。しかし、肯定的な表現に対しては「そうですか！」と瞬時に反応しやすくなるのです。

何かを依頼する際にも「〜していただけませんか？」という表現よりも「〜していただくことは可能でしょうか？」と肯定表現で依頼したほうが、意図が伝わりやすく、相手はあなたの望む通りに行動してくれやすくなります。実際、人は「〜ではできません」と言われるよりも「〜ならできます」と言われたほうが、無意識での受け入れ具合がよくなるのです。

そして相手の人柄も理解し、仲良くなれたならば、話すのではなく「語る」ようにしましょう。自分の感情を込めて話すことを「語る」と言い、自分の考えていることを語ることによって相手に気持ちが伝わりやすくなるのです。あなたの感情を言葉に載せることで、相手の耳から心に届き、「共感」が生まれるのです。

人は感情で動く動物ですので、話をする際には自分の考えていることを感情込めて語りましょう。特に旅先では、自分の「想い」を相手に伝えて、お互いハッピーな感情を味わうようにすれば、この時間が「よき想い出」となるのです。すなわち旅を楽しむには、記憶に残る「想い出」づくりを心掛けることが近道で、特に旅先で子どもと仲良くなると最高です。

【旅先で子どもと仲良くなれば最高の「想い出」となる】

4　環境の変化に対応する

旅先では視点を変える

旅先では、視点を変えることで今まで思いつかなかったアイデアが閃きやすくなります。例えば、海外旅行で訪れる場所などでは、環境や風土が異なり、人も違う価値観で生活しているからです。すなわち、環境を変えて違う視点で物事を考えれば、新しい発想が生まれやすくなるのです。

そこで旅を楽しむには絶えず、「環境の変化」を計算に入れておく必要があります。特に登山など天候の変化によっては、危険にさらされる場合はなおさらです。旅の達人は、環境の変化を常に念頭に置き、その変化に見合った行動や戦略を心掛け、安全かつ価値ある体験を重ねています。

地球の歴史を振り返ってみても、人類は環境の変化に対応してきたことが今日まで生き残った理由です。恐竜は体が大きくても地球の環境変化に対応できなかったために滅んだのです。

この変化に対応する具体的な思考は、「通信手段の進化によって、自分を取り巻く環境はどのように変化していくのか」「自分は、その変化にどのように対応すればよいのか」と、環境の変化を前提としながら、「自分事」として捉えて自問自答します。

そうすることで、「環境の変化」を計算に入れた行動が可能となります。そして、環境の変化に対応できるようになれば、いかなるトラブルにも対応でき、旅の楽しみ方にも幅が生まれます。

環境の変化と臨機応変な旅程変更

しかし、私たちの脳は、「臨機応変に旅程を変える」などのように漠然としたテーマや目標に関しては、実現するための行動はとりにくくできています。これは、具体的な行動や手順が明確でないためにどう行動したらよいかがわからないため、脳が反応しないのです。

この場合は、ある1つのテーマや目標をいくつかの具体的な手順に分解することによって、実現のための行動が起こし易くなります。

例えば、雨天での旅程変更の場合、「雨が降ればハイキングは中止し、近くの美術館を見学する」といった手順を踏むのです。すなわち、新たな旅程を設定する際には「旅程変更には具体的に何をどのような順番で行動すればよいのか？」と自問して、達成までの手順をできる限り細分化する必要があるのです。

これは、人に何かを依頼するときや説明する際にも応用できます。

また、実際に旅程を管理する上で重要なことは、「いつまでに終えるか」と「何時までに宿に着くか」です。期限を決めることで、私たちの脳はその時刻までに終わらせるためのアイデアを考え、行動を起こそうと働き始めるのです。

旅を楽しむには、この臨機応変な旅程変更ができるかどうかにかかっています。

特に雪道などは絶対に無理は禁物で、野外の見学から近くの資料館見学等に切り換えることをおすすめします。

5　感覚的なイメージを大切にする

旅を楽しむには、旅先での光景だけでなく感情もイメージする

旅を住処とした松尾芭蕉は、西行法師の足跡を追って旅をしました。しかし、芭蕉は西行の旅の仕方や目的地を真似ただけでなく、「どのような気持ちで、訪れたのか」、「頭の中で何を考えて歌を詠んだのか」、「どのような感覚で旅していたのか」など、西行法師の「頭の中で起こっていたこと」まで真似ようとしていました。

私が思うに、旅の達人は目的地などの「目に見える部分」だけでなく、旅先で感じた「感覚的なイメージなどの目に見えない部分」も真似ています。平成芭蕉を自称する私も芭蕉の足跡を訪ねる旅では、芭蕉像のそばで芭蕉の旅をイメージしながら、芭蕉がどのような気持ちで俳句を詠んだのかを考えるようにしています。

旅を楽しむコツは、そこに行った人や現地をよく知る人に「どのように行ったのか」、「どのように過ごすべきか」という、具体的な実践方法だけでなく、「そのとき頭の中で何を考えていたのか」、「そのときの気持ちや感情、感覚はどうだったか」という目に見えない部分についても尋ねましょう。

そして教えてもらった旅先の光景と感覚的なイメージを思い浮かべながら、具体的な実践方法をシミュレーションします。

【「黒羽芭蕉の館」前で芭蕉と曽良の旅をイメージする】

このように表面的な部分と内面的な部分との両面から考え、計画、実践することで旅はさらに楽しめるようになります。

結果を恐れず成功をイメージする

しかし旅を楽しめる達人にも失敗はあります。しかし、達人は失敗しても「行動」→「失敗」→「やり方を変えて新たな行動」を繰り返し、実践することで望む成果をあげています。つまり、旅の達人は、「1回行動しただけでは、うまくいくとは限らない」、「まずは行動、次にその結果を踏まえ、軌道修正して再挑戦する」という考えで行動しています。

逆に旅を楽しめない人や行動できない人は、「1回で成功しようとする」、「失敗は許されない」という考え方をしているため、旅を楽しむレベルまで行動を続けられないのです。

そこで、旅を楽しみ、旅から学ぶためには、結果を恐れず、成功イメージを描いて「とりあえず、出かけてみる、行動する」ことを心掛けましょう。そして、楽しめなかった場合は「何をすれば楽しめたのか」だけでなく、「何をしなければ、よかったのか」についても自問し、実践します。そして新たにイメージしたことをすぐに行動に移せれば、よい旅ができる確率はどんどん上がり、うまく行けば「武勲」とし、そうでなければ「教訓」と考えます。

この行動の結果が「ときめき」を感じるための礎となり、旅を楽しむための心構えとなります。旅には予期せぬトラブルや変更はつきものです。しかし、やるかやらないかの選択に迫られた場合は、失敗を恐れず、やってみることをおすすめします。

6　迷ったときには直観に従う

自分自身が実感したことを行動に移す

旅に関しては絶えず「判断」と「選択」が求められますが、これを他人まかせにせず、自分事として慎重に決断し、自分自身が実感したことを行動に移しましょう。そこで、何かを考えたり、発想したり、助言を受け止めたりするときには「私は……と考えている」、「私は……と感じている」、「私の心は……と言っている」と口に出して言い切るくせをつければ迷いません。

そして旅の計画を立てる際には、その計画書や日程表に目的地などの「名詞」だけでなく、そこで何をするかという「動詞」も記入します。人間は強く意識していないときは無意識に行動し、無意識は「名詞」ではなく「動詞」に反応します。そのため、計画書に「……をする」という動詞の指示があれば、旅行中、無意識でもスムーズに直感で行動できるのです。

また旅の計画は、初日からタイトなスケジュールを組むのではなく、ゆとりを持たせて無理のない、行きやすい目的地からスタートします。なぜなら、人間の脳は目標を達成すると「ドーパミン」という脳内物質が出て、楽しい気分になり、次の行動を起こしやすくなるからです。

どんな小さなことでも「うまくいった」、「達成できた」と実感できれば、頑張ろうという気持ちがわいてくるのです。

最終的には自分の直観を信じる

しかし、人は具体的なイメージや実感がわかないとなかなか行動に移せません。そこで、計画書の作成には実感できる表現を使います。

例えば、「…へ行く」ではなく、「駅でレンタカーを借りて自分が運転して目的地まで行く」といった自分がより具体的にイメージできる言葉を選ぶのです。そして行程をイメージして、自分の望みや目標を強く意識すれば、迷いなく行動できるようになります。私たちの脳には、意識を向けたことに関しては、情報がインプットされやすいという特徴があるのです。

「可愛い子には旅をさせよ」と言われていますが、旅は脳を刺激し、「選択」、「判断」、「系列化」という三要素が集約されており、人間の成長にも効果が大きいのです。そして行き先を決めて、限られた時間内にどのように見て回るのかという選択と、予期せぬ事態に対処する判断能力も求められますが、最終的には自分の直観を信じることです。

特に気ままな車での一人旅では、迷ったら直観に従って新たなルートを開拓しましょう。見知らぬ土地を旅すれば、新たな発見もあって、一回り成長した自分に気がつき、旅する幸福感も感じられるようになります。また、自らの直観に導かれ、「内なる声」が聞こえてくると、本当の自分に出会う旅となり、新しい人生への扉も開きます。

7　自然の脅威や言葉以外のメッセージを感じ取る

コミュニケーションに必要な「共感力」

「北海道と北東北の縄文遺跡群」が世界遺産登録されたこともあり、私は、縄文文化をテーマとしたツアーに数多く同行していますが、縄文遺跡はヨーロッパのように石の文化ではなく、木の文化であったため、建物はほとんど土となり、表面上に見えるものはほとんど残っていません。

しかし、目を閉じて心を澄ませば、風とともに縄文人からのメッセージが聞こえてくるような気がします。文字を持たずに１万年以上も平和を維持した縄文人は、今日の私たちよりも自然を敬い、文字がなくても他人と「共感」できる感受性豊かな民族だったと考えられます。人は自然や他人との触れ合いがなくなると、生きる上で必要なこの「共感力」が衰えるので注意が必要です。

「共感力」とは一種の直観力で、自然界の息吹や他人の気持ちを感じ取り、言葉としては聞こえないメッセージ（メタメッセージ）を聴き取る能力です。

旅を通じて感情の老化を防ぐ

また、便利になった現代社会においては、人は自然と触れ合う機会が減って、体力の衰えだけでなく、五感が鈍って意欲も減退しがちです。その結果、チャレンジ精神が失われ、無感動となり、それが「記憶力の低下」などの本格的な老化現象に繋がります。

そこで、人生を楽しく生きるためには、安心して自分と向き合える旅において、自分と対話する自分時間が必要なのではないでしょうか。

旅においては、知恵を身に付け、本物に出会うことによって、それまで気が付かなかった本物だけが持つ価値や重要性を理解することができ、深い感動が得られるのです。

富士山は「自然の脅威」から「信仰の対象」へ

日本の象徴である富士山を例に話せば、富士山は古くから噴火を繰り返す火山として恐れられたため、噴火を鎮めてくれる神仏への信仰から浅間神社が建立されたという歴史を知れば、写真で見る美しさだけでなく、「自然の脅威」と「信仰の対象」になってきたことも理解できるのです。

富士山には数多くのビューポイントがありますが、私は静岡県富士市岩本にある岩本山公園から眺める景色が気に入っており、この地から望む富士山はとても神々しく感じられます。

旅とは日常から離れ、いつもと違う風、光、臭いなど、五感を通じて自分を見つめ直す機会です。

そしていつもと違う景色を観ながら、いつもと違う行動をとることで、感じ方や考え方が変わります。

なぜ、旅行から人生が変わるのか。それは、旅に出て自然の息吹を感じながら新しい出会いや気づきがあると、自分の気持ちや感情に変化が生じるからです。

【岩本山公園から眺める神々しい富士山】

すなわち、いい旅をすると人も変わり、生き方も変わるので、「旅の質」が人生を決めるのです。

旅行業は旅行商品ではなく、よき「想い出」を売る

私は旅行業とは、単なる旅行商品を売ることではなく、お客様が思い描く「夢」と記憶に残るよき「想い出」を売る仕事であると考えています。そして、ツアーに同行する添乗員も今で言う旅程管理業務だけでなく、お客様の関心事について語ると同時に自身の体験など、驚きを与えることが大切であると思います。

実際、私は旅には感動と同時にサプライズを求めており、新しい発見こそが旅の収穫と考えているのです。そして、お客様も私の案内の中から新しい気づきと自慢のネタを探しているように感じます。

つまり、「旅の質」はホテルや食事内容も大切ですが、人の記憶に残る「テーマ性のある物語」が鍵を握っているのです。私自身、利用したホテル名やレストランの名前を忘れても、旅先で聞いた楽しい歴史的ストーリーは覚えていて、人にも話したくなるものです。

さらに言えば、旅にはまた行きたいと思わせる要素も必要なので、自分の関心事にフォーカスしたテーマを掘り下げていくようなシリーズ商品が理想です。

そこで、今後の私の使命は、旅行に関する有益で適切な情報を、ふさわしいお客様に、適切な手段と方法で伝えることであると認識しています。

第2章　旅の達人・松尾芭蕉から学んだこと

1　禅の教え「放下著《ほうげじゃく》」

一所不住の旅に生きた俳聖松尾芭蕉

俳聖と呼ばれる松尾芭蕉は、「月」への思いが格別で、その俳句には月を詠んだ句が多く、名月鑑賞の旅にもしばしば出かけていますが、芭蕉はなぜ「月」に関心を寄せるようになったのでしょうか。私が思うに、「旅人と我名よばれん」と、一所不住の旅に生きた芭蕉も、やはり生まれ故郷の情景と母のことが忘れられなかったからだと思います。

なぜなら、私の生まれ故郷でもある伊賀上野の赤坂町から服部川にかけては、町の中心から少し離れていたため、真夜中に見る月はとても美しく輝き、印象に残るのです。

その赤坂町の芭蕉生家の前には「旧里《ふるさと》や　臍《へそ》の緒に泣く　年の暮」の句碑が建っています。この句は郷里を去って15年、三度目に帰郷したときに詠まれたものです。

『野ざらし紀行』で2回目に帰郷した際には、亡き母の遺髪を見て泣いていますが、今回は「臍の緒」です。

私もかつて伊賀上野に帰郷した際、祖母から自分の「臍の緒」を見せられたときは感無量でした。「臍の緒」は人間の生の根源に繋がるもので、懐かしい生まれ故郷で見れば、誰しも母や幼い頃の思い出が蘇えるのではないでしょうか。

【伊賀上野の芭蕉生家前に建つ句碑】

芭蕉の名月鑑賞の旅

その故郷への思いもあってか芭蕉は月を愛し、『鹿島詣』と『更科紀行』という名月鑑賞の紀行文を2つ残しています。

その『更科紀行』の中には「三更月下入無我　さんこうげっかむがにいる」（真夜中に月の光の下で無我無心の境地に入る）と芭蕉は記しています。この境地は、忍者の里でもある伊賀市を流れる服部川に映った月を眺めていた際、私も体験しています。

そこで、芭蕉は月に対して特別な感情を抱いていた人ですが、この生まれ故郷の環境からは、川や池などの「水」についてもかなり意識していたはずです。

実際、芭蕉の名月を詠んだ代表的な句である「名月や　池をめぐりて　夜もすがら」は江戸で詠まれた句ですが、私は名月を直接鑑賞したのではなく、「池」という水に映った名月に感動して、無心に一晩中池の周りを散策していたのだと思います。

『鹿島詣』は深川で禅の手ほどきを受けていた仏頂和尚に会うのが主目的でしたが、『更科紀行』では「更科の里、姨捨山の月見んこと、しきりにすすむる秋風の心に吹きさわぎて」とあり、姨捨山の名月鑑賞が目的でした。

姨捨山は冠《かんむり》着《き》山《やま》とも呼ばれ、その麓に長楽寺という古寺があり、この眼下には千曲川の流れや善光寺平の広がりが展望できてとてもすばらしい眺めです。殊に中秋の名月が東の空に光を放ち始めると、芭蕉は伊賀上野の故郷における「月待」の行事も思い出し、感慨深い気持ちになったこと

【長楽寺月見堂の「芭蕉翁面影塚」】

でしょう。

母への思いが感じられる名句

「俤《おもかげ》や　姨《おば》ひとり泣く　月の友」

芭蕉は更科紀行でこのように詠んでいますが、きっと山に捨てられて一人泣いている老婆の面影が浮かび上がったのでしょう。平安時代の「姨捨伝説」によると、このあたりに住むひとりの男が老婆を山に捨てたのですが、清い月の光に心を改めて翌朝連れ戻してきたとされています。

いわゆる棄老伝説ですが、この句を詠んだ背景には、芭蕉が能楽大成者、世阿弥の謡曲「姨捨」に親しんでいた影響もあると思います。すなわち、世阿弥と芭蕉にとっては、この姨捨山での「中秋の名月観賞」が特別な意味を持っていたことがうかがえます。芭蕉は謡曲「姨捨」の物語と5年前に母親を亡くしていることに想いを馳せ、「姨捨山」・「月」・「更級の里」についてのイメージを大きく膨らませた可能性があります。

また、「月待」とは文字通り月の出を待つことであり、月が出る前を忌みの時間として過ごす習しで、月信仰を土台とした行事ですが、更科の里に来て、芭蕉は月待の間、亡き母のことを思い出していたのでしょう。私には「姨ひとり泣く」が「姨ひとり亡《な》く」にもとれるのです。なぜなら、芭蕉の若い頃の俳号は「桃青」ですが、この「桃」は母が伊賀流忍者ゆかりの百（桃）地家の血を引くことから命名したもので、それだけ母親への思いが強かったのです。

芭蕉が姨捨山に着いたのは１６８８年８年15日、「三《み》よさの月」もしくは「三夜の月」とも言いますが、中秋の名月を初日にしてなんと三夜連続で月見を行っています。私も芭蕉と同郷ですから、名月鑑賞は好きですが、さすがに三日間も月見をする風流というか精神的ゆとりはありません。せいぜい「名月必ずしも満月ならず」と望（満月）、朔（新月）を問わず、月を意識するのが精いっぱいです。

禅の手ほどきを受けていた芭蕉

そこで、芭蕉がこれほど月に夢中になれたもう1つの理由は、深い「禅」の心得と、月を心の鏡とみなす仏教的な精神性を持ち合わせていたからだと考えています。「禅」とは、精神を統一して真理を追究するという意味のサンスクリット語を音訳した「禅那《ぜんな》」の略で、坐禅修行をする禅宗をさす言葉です。

そして「禅」の心得を一言で言えば、自分自身の存在の真実を探すために「自らを律して万物に感謝し、無駄を省き、生き方を見つめ直す」ことです。芭蕉は深川に移ってから仏頂和尚に「禅」の手ほどきを受けていますが、そこから学んだものは「一所不住」であり、「捨てる」ことであり、「何事にも執着しない」という「放下著《ほうげじやく》」の教えでした。

そしてこの「いっさいを捨て去ると、すべてが生きる」という思想が「蕉風開眼」に繋がったのですが、３日間も月見ができる無我の境地は「かるみ」の神髄のように感じます。

【深川で禅の手ほどきを受けていた松尾芭蕉】

そして、芭蕉は旅を住処とする放浪の子として、母親に心配をかけたことから、「子が親を捨てなければ生きていけない」という伝説に迫真性を与え、名月を鑑賞する場所としては千曲市更科の姨捨山は最高の舞台と考えたのでしょう。

しかし、故郷の伊賀上野ではなく、自身の「かるみ」を理解してくれた門人の多い近江に眠る芭蕉を思えば、芭蕉の旅から学ぶ一番の教えはやはり、仏頂和尚の禅の教えである「放下著《ほうげじゃく》」でしょう。自分の出自、名誉、財産、立場、主義等にこだわらず、自分自身を捨て去ってこそすべてが生きるという教訓です。

2 『おくのほそ道』の旅の魅力

芭蕉の人生観が込められた『おくのほそ道』の旅

「月日は百代の過客にして、行かふ年も又旅人也。舟の上に生涯をうかべ馬の口とらえて老をむかふる物は、日々旅にして、旅を栖とす」

この有名な書き出しから始まる『おくのほそ道』は、芭蕉が敬愛した西行法師の500回忌にあたる1689（元禄2）年、門人の曾良を伴い、深川の草庵を出立して大垣に至る150日、約600里の旅の紀行文ですが、この一文に、芭蕉の人生観が込められているといっても過言ではありません。「時は永遠の旅人であり、人生は旅そのものである」と芭蕉は書いていますが、芭蕉は人生の真の意味をつかむために、文学者として生きるべく、草庵を後にして旅に出たのです。

『おくのほそ道』の旅の総移動距離は、２４００㎞にもなりますが、その距離をわずか6か月にも満たない期間で、難所を含む全行程を舟も利用しながら完遂しています。

芭蕉の忍者（隠密）説と旅の目的

そのため芭蕉は忍者だったのではないか、という「芭蕉の忍者（隠密）説」が現代にまで残っています。実際、松尾芭蕉の公式の伝記『蕉翁全伝』によれば、芭蕉の母は、「伊賀の上忍」百地家の娘とされ、江戸幕府に近い藤堂家との繋がりがありました。

そこで芭蕉も隠密であり、『おくのほそ道』の旅は、江戸幕府による伊達氏の仙台藩の動向調査ともとれるのです。その根拠は曾良の日記と芭蕉の『おくのほそ道』の記録を比較した際、出発日をはじめ違いが約80か所もあり、目的地とされた松島で一句も読まずに一泊で素通りし、一方、黒羽で13泊、須賀川で7泊しており、諸藩の情報集収をしていたと考えられるからです。

しかし、実際は有名な「蕉風開眼」の句を詠んだことをきっかけに真の俳諧を探求することが旅の目的だったと思われます。

蕉風開眼の句である「古池や　蛙《かわず》飛びこむ　水の音」の状況ですが、芭蕉は深草の草庵におり、どこからか聞こえてくる「蛙が飛び込む音」を聞いて心の中に「古池」が浮かんだ、つまり芭蕉は、蛙が飛び込むところも古池も見ていないのです。

この古池は現実の古い池ではなく、芭蕉の心の中にある「古池」です。よって、この句は蛙が水に飛び込む現実の音を聞いて古池という心の世界を開いたもので、この現実のただ中に心の世界を切り開いたこと、これこそが「蕉風開眼」です。

『おくのほそ道』の構造

この『おくのほそ道』の魅力を探るには、「白河の関」、「尿前の関」、「市振の関」という昔の関所で区切って読みます。

①別れと旅の契り　深川から「白河の関」まで（黒羽）

この区間は、住み慣れた芭蕉庵を去り、親しい人に別れを告げた覚悟の旅です。元禄２年３月27日（新暦１６８９年５月16日）、江戸深川の草庵「採荼庵《さいとあん》」を出発し、船に乗って千住に渡り、日光街道を経由して下野国蘆野《あしの》の城下町黒羽へ行きました。

黒羽では大いに歓迎されたこともあり、「おくのほそ道」の旅程では最長になる14日間滞在し、白河の関を越えてようやく旅の覚悟が固まりました。

②歌枕の巡礼　「白河の関」から「尿前の関」へ（平泉）

この区間では夢にまで見たみちのくの歌枕（名所）を訪ねています。白河の関を越えて奥州に入るといよいよ「歌枕」めぐりの旅が始まり、須賀川、飯坂、仙台を経て、目的地の１つとされた松島に到達しました。

【歌枕めぐりの旅の始まり「史跡白河関跡」】

しかし、芭蕉はその美しい風景に感動するあまり句は詠めず、曾良が詠んだ句「松島や　鶴に身をかれ　ほととぎす」が紹介されています。

平泉は「おくのほそ道」の折り返し地点にあたりますが、藤原三代の栄華をしのび「夏草や兵どもが夢のあと」の句を詠んでいます。また義経を敬愛する芭蕉は、塩釜神社で義経を最後まで守ろうとした藤原忠衡（和泉三郎）を讃えています。

③太陽と月　「尿前の関」から「市振の関」まで（越後）

この区間では立石寺で宇宙の静けさ、羽黒山・月山では月、酒田で太陽、越後の海岸では銀河と出会います。奥羽山脈を越えて出羽国に入って尾花沢で、芭蕉とは旧知の俳人でもある鈴木清風を訪ね、尾花沢に11日間滞在しました。そして、尾花沢の人々のすすめにより、予定にはなかった山寺（立石寺）に立寄り、「閑《しずか》さや　岩にしみ入る　蝉の声」の句を詠み、宇宙観が開眼するのです。

また、芭蕉は日本三大急流の１つの最上川を下った際、「このたびの風流、ここに至れり」と感激しています。そして出羽三山の最高峰である月山にも登り、６月半ばには『おくのほそ道』の最北の地となった象潟《きさかた》も訪ねていますが、当時の象潟は、松島に劣らぬ景勝地でした。

象潟から、再び折り返して日本海岸沿いに南下し、出雲崎では「荒海や　佐渡によこたふ　天河」と佐渡島を望む日本海の荒海の情景を詠みました。そして、この宇宙的な体験をもとに「不易流行」をとなえたのです。

④浮世帰り「市振の関」から大垣へ

この区間では「市振の関」から日本海岸を南下して富山、金沢、福井と北陸道を歩き、途中で曾良と別れて8月21日頃に美濃路の大垣に到着、旅行中の様々の別れと出会いから、芭蕉は流れ去る水の境地にいたり、ついに「かるみ」を発見して、「蛤の　ふたみにわかれて　行秋ぞ」の句を詠み、結んでいます。

そして9月6日には、芭蕉は「伊勢の遷宮をおがまんと、また船に乗り」出発しています。

「おくのほそ道」の名場面

『おくのほそ道』の旅は海外でも高く評価されており、松尾芭蕉が立ち寄った場所の多くは、その地域の観光名所となっています。

『おくのほそ道』の足跡が未だに人々に愛されている理由は、松尾芭蕉が道中、詠んだ俳句から、その土地の美しさが伝わるためです。

①千住大橋「矢立初めの地」（旅の契り）

「行く春や　鳥啼き魚の　目は泪」　芭蕉

芭蕉はこの一句に自分と曽良の旅立ちを見送ってくれた人々との別れを惜しむ気持ちを込めており、結びの地大垣での「蛤のふたみに別れ行く秋ぞ」と対をなしています。「魚」とは杉山杉風《さんぷう》を指し、杉風は「鯉屋」の屋号で幕府御用の魚問屋を営んで、その豊かな経済力で芭蕉の生活を支援しました。

②新緑に降り注ぐ日の光と日光東照宮

「あらたふと　青葉若葉の　日の光」　芭蕉

江戸を発った芭蕉と曾良は、粕壁（埼玉県春日部市）、間々田（栃木県小山市）、鹿沼（栃木県鹿沼市）に宿をとり、4日がかりで日光に到着。当時の東照宮は、誰もが気軽に参拝できず、曾良の日記によれば、浅草の清水寺《せいすい》から預かった手紙を所縁のある塔頭に届け、社務所への取り次ぎを頼んだようです。

芭蕉らが参拝したのは旧暦4月1日（新暦5月20日）で、前夜から降り続いていた小雨も昼過ぎにはあがり、文字通り滴り落ちるような新緑のなかで、絢爛豪華な社殿のきらめきを拝したと推察されます。

③芭蕉が絶句した日本三景の松島（歌枕の旅）

「松嶋や　さて松嶋や　松嶋や」　田原坊

「松島や　鶴に身をかれ　ほととぎす」　曽良

松島、天橋立、宮島の日本三景は海の青と松の緑が対象の妙をなし、その美しさは人々の心の琴線に触れます。

芭蕉は松島で朱塗りの渡月橋で結ばれた雄島に雲居《うんご》禅師の遺跡を訪ねていますが、あまりの絶景に絶句してしまい、代わりに曽良が詠んでいます。

【芭蕉が絶句した日本三景の松島】

④芭蕉が懐旧の涙を流した中尊寺金色堂（歌枕の旅）

「五月雨の　降り残してや　光堂」　芭蕉

平泉は清衡・基衡・秀衡の奥州藤原三代が栄枯盛衰を演じた場所ですが、義経主従の悲劇の大舞台でもあります。平安時代末の藤原三代の栄華と源義経の悲劇的な最後を偲びつつ、世の無常と自然の悠久を感じて懐旧の涙にくれました。

⑤立石寺（山寺）の「せみ塚」

「閑《しずか》さや　岩にしみ入る　蝉の声」　芭蕉

立石寺は慈覚大師が開いた天台宗の古刹で諸堂と百丈岩などの奇岩が見事に調和しています。奥の院への途中、仁王門の手前に「せみ塚」があり、碑面に芭蕉翁、右側に芭蕉の句「閑かさや岩にしみ入る蝉の声」が刻まれています。この句は宇宙観開眼の句と呼ばれ、「岩にしみ入る蝉の声」は現実の音でこの蝉の鳴き声から芭蕉の心の中に静寂な世界が開けました。

芭蕉は立石寺の岩山に立つと、眼下に広がる梅雨明け間近な緑の大地を眺めましたが、そのとき、あたりで鳴きしきる蝉の声を聞いて、芭蕉の心の中にしんと静かな世界が広がったのです。

すなわち立石寺の山上に立った芭蕉は、蝉の声に耳を澄ませているうちに、現実の世界の向こうに広がる宇宙的な静けさを感じ、幼い頃に仕えた「蝉吟」（藤堂良忠）に思いを馳せました。

⑥出雲崎の芭蕉園（太陽と月）

「荒海や　佐渡によこたふ　天河」　芭蕉

【立石寺（山寺）の芭蕉像と「閑かさや……」の句碑】

出雲崎は良寛のふるさとで、芭蕉と曽良が泊まった大崎屋跡の向かいには芭蕉園があり、芭蕉園には旅姿の芭蕉像と「銀河の序」の石碑が建っていますが、これは芭蕉が『おくのほそ道』行脚の途次、出雲崎に泊まったときの体験を基にして書いた句文です。

⑦奇岩零石がそそり立つ「那谷寺《なたでら》」

「石山の　石より白し　秋の風」　芭蕉

那谷寺の広大な境内は、奇岩の群れが岩洞となり、天然の奇岩遊仙境で、芭蕉も素晴らしい景観の聖地で句を詠んでいます。灰白色の凝灰岩を鬱蒼とした木々が覆い、切り立った岩窟に舞台造りの大悲閣本殿が立っており、冷え冷えとした秋の風が感じられます。

⑧曽良と別れた「山中温泉」（浮世帰り）

「山中や　菊はたをらぬ　湯の匂い」　芭蕉

山中温泉の医王寺は行基開創による山中温泉を守護する寺で、展示室には山中温泉縁起絵巻や芭蕉の忘れ杖も収蔵されており、芭蕉が逗留した和泉屋の主人、長谷部桃妖《とうよう》の墓もあります。境内には芭蕉が山中温泉を称えた句碑も建てられています。

⑨敦賀の「氣比神宮」参拝（不易流行とかるみの境地へ）

「月清し　遊行のもてる　砂の上」　芭蕉

氣比神宮《けひじんぐう》は福井県敦賀市に鎮座する一之宮で、地元では「けいさん」と呼ばれています。芭蕉は「中秋の名月」を楽しみに訪れましたが、前日の8月14日に氣比神宮に参拝し、月明かりに照らされた神前の白砂とその由来に感動して句を詠みました。

⑩「奥の細道むすびの地」大垣

「蛤の　ふたみにわかれ　行秋ぞ」　芭蕉

「奥の細道むすびの地」には、芭蕉と谷朴因の像、朴因作と伝わる「南いせくわなへ十里ざいがうみち」の俳句道標、「惜むひげ剃りたり窓に夏木立」の木因白桜塚、そして『おくのほそ道』最後の句が刻まれた蛤塚が建っており、ここから芭蕉は伊勢へ向かいました。離れがたい蛤の蓋と身とが別れるように、親しい者たちと別れて二見が浦へと行こうとしており、折から秋という季節も去り行こうとしていました。

『おくのほそ道』は旅の指南書

芭蕉の紀行文『おくのほそ道』は座して閑吟する俳諧の書ではなく、芭蕉さんが私たちに残してくれた旅の指南書でもあります。芭蕉の俳文『許六離別《きょりくりべつ》の詞《ことば》』には「古人の跡を求めず、古人の求めしところを求めよ」とあり、作品を味わうだけでなく、作者が探究したことを求めよと書かれています。

芭蕉は流転してやまない人の世の苦しみをどのように受け止めたのでしょうか。芭蕉は西行を崇敬していたので、芭蕉の「古人の心に閲《けみ》す」の「古人」は西行が主と考えられます。「蕉風開眼」をきっかけに真の俳諧を探求することが旅に出る目的でしたが、実際には「白河の関」や「松嶋」という

【氣比神宮の芭蕉像「月清し　遊行のもてる　砂の上」】

【「奥の細道むすびの地」大垣】

西行が訪れた歌枕の地で古人の心に触れたいと考えていたのでしょう。そこで、私も旅先では「芭蕉の旅心」を意識するようになりました。

3　旅を住処とした松尾芭蕉

芭蕉はなぜ旅に出たのか

伊賀国の上野赤坂町に生まれ、自ら「乞食《こつじき》の翁」と称した芭蕉は、物欲や名誉欲から解放された生活の中で、純粋に俳諧文学を追求する旅に出ました。これは芭蕉の禅の師であった仏頂和尚の禅の教えである「放下著《ほうげじゃく》」を実践したものと考えられます。

すなわち「いっさいを捨て去るとすべてが生きかえる」の禅の教えに従い、旅を通じて自然や名所・旧跡、人情などに触れ、「風雅の誠」を追求し、自らの俳諧を高めようとしたのです。

芭蕉は東海道を上り、美濃、尾張から木曾、甲斐を巡った『野ざらし紀行』、高野山や須磨などを巡った『笈の小文』の旅や有名な『おくのほそ道』の旅など、１６８４（貞享元）年から１６９１（元禄４）年までの約7年間で通計４年３か月を旅しています。また、芭蕉が生涯に詠んだ句は約９００句と言われています。

芭蕉の一生はそのままが芸術です。その一生を考えれば歴史的な正確さよりも、その生涯の意味を理解することが大切で、芭蕉の心中に生まれては去っていったであろう様々な考えや情念を推察することが、蕉風俳諧の理解に繋がります。

旅に生きた芭蕉の生涯

生まれ故郷の伊賀上野で藤堂良忠（蝉吟）に仕えたことから俳人となり、その成功は、宝井其角《きかく》のグループを傘下に収めたことから始まりましたが、芭蕉の転機は江戸深川で1682（天和2）年の大火事に遭遇し、仏頂禅師と出会ったことです。

1680（延宝8）年、深川に移り住んだ芭蕉は2歳年上の仏頂禅師の人柄に感服し、足繁く深川「臨川寺」の仏頂禅師のもとへ参禅するようになりました。これを機に芭蕉は、禅の精神を人生観まで発展させ、禅味が加わった芭蕉の作風は、従来見られなかった高い精神性を俳句の世界にもたらし、文芸としての価値を世間に知らしめたのです。

芭蕉は大坂の地で亡くなりましたが、本人の遺言により弟子たちが亡骸を故郷の伊賀上野ではなく、近江大津の義仲寺に眠る木曾義仲の隣に葬られました。義仲の生き方に惹かれたのか、または義仲寺の雰囲気に心を奪われたのか、芭蕉は「骸は木曽塚に送るべし」との遺言を残してこの地での供養を求めました。

芭蕉が敬慕した偉大な先人、西行法師、李白・杜甫らと同様に、彼も旅の途中、南久太郎町御堂前の花家仁右衛門宅で果てて、「旅に病で　夢は枯野を　かけ廻る」は辞世の句と言われています。

芭蕉が眠る大津市の義仲寺

義仲寺の創建は、治承・寿永の乱（源平の戦い）の1つである「粟津戦い」によって自害した木曾義仲を供養する目的で、愛妾の巴御前が日々供養したことが始まりとされています。江戸時代には三井寺（園城寺）の末寺となり、1689（元禄2）年に松尾芭蕉が滞在し、1691（元禄4）年には芭蕉のために「粟津草庵（後の無名庵）」が建てられています。

無名庵は1689（元禄2）年、『おくのほそ道』の旅を終えた芭蕉が、その年の末に過ごした場所です。その後も何度か滞在し、芭蕉を訪ねた伊勢の俳人・島崎又玄は「木曽殿と背中合わせの寒さかな」と詠んだと言われています。芭蕉の死後は荒廃しますが、京都の俳僧である蝶夢が再興し、1793（寛政5）年には芭蕉百回忌を行っています。

旅を住処とした芭蕉の感性「かるみ」

木曽義仲の墓の右隣に芭蕉翁の墓が建てられていますが、境内には、芭蕉の辞世の句である「旅に病んで　夢は枯野を　かけ廻る」をはじめとした数多くの句碑が建てられており、芭蕉の歴史に触れることのできる貴重な場所となっています。

故郷の伊賀上野ではなく、自身の「かるみ」を理解してくれた門人の多い近江に眠る芭蕉を思えば、芭蕉の旅から学ぶ一番の教えはやはり、仏頂和尚の禅の教えである「放下著《ほうげじゃく》」でしょう。自分の持っている名誉、財産、知識、立場、主義等を捨てよというのではなく、今の自分自身を捨て去

【芭蕉が眠る大津市の義仲寺】

れという意味です。

西郷隆盛は、「金もいらぬ、命もいらぬ、名誉もいらぬ人が、一番扱いにくい」と言っていますが、私には「放下著」を体得した人間のことかと思われます。

『野ざらし紀行』、『笈の小文』、『更級紀行』、『おくのほそ道』の紀行文はすべて芭蕉の死後に刊行されましたが、「詫び・さび・細み」の精神、「匂ひ・うつり・響き」といった嗅覚・視覚・聴覚を駆使した文章は、旅を住処とした芭蕉の「不易流行」「かるみ」の表現です。そしてこの芭蕉の感性が多くの俳人を虜にし、いつしか「俳聖」と呼ばれるようになったのです。

4　松尾芭蕉の「心の四季」

鳥海山を望む象潟

象潟は芭蕉の『おくのほそ道』における目的地の1つで、松島と並び称され「八十八潟・九十九島」で知られた景勝地でした。今から３３０年前、俳聖松尾芭蕉は、先人の歌枕の地である松島や象潟へと思いを馳せ、とりわけ漂泊の歌人である西行への敬愛の思いが強く、西行の５００年忌にあたる年に『おくのほそ道』へと旅立ち「松島は笑うが如く、象潟はうらむが如し」と記しています。

鳥海山を望むこの象潟は、１８０４年の地震で隆起して「八十八潟」は消え、現在は陸地に島が残る不思議な景色が広がる九十九島の名を残しています。かつて潟に浮かんだ島々は、田植えの季節に水が張られると、海に浮かんでいるように見えて往時の面影を彷彿させてくれます。
象潟にある古刹の蚶満寺境内には、芭蕉の像と句碑が建てられています。

「象潟や　雨に西施《せいし》が　ねぶの花」

この句の意味は「象潟はなんとも魅力的な風景で、雨にけぶる中に中国の美女、西施が憂いに沈んで目を伏せている姿を連想させ、ねむの花が淡い紅色に咲いている」です。

『おくのほそ道』発表後は、象潟の知名度はさらに上がり、多くの文人墨客が芭蕉の旅を意識しながら蚶満寺を訪ねています。私は蚶満寺を参拝し、鳥海山のふもとの「奥の細道の旅」における難所であった三崎山旧街道、そして「きさかた　さんぽみち」を歩くと、芭蕉は現実の自然環境に左右されずに季節を感じる天才だと思いました。

季節感と芭蕉の「心の四季」

それは、芭蕉はみちのくの自然の四季とは別に、「心」に四季を持っていたと推察できるからです。すなわち門人など人と接するときは暖かい「春の心」、俳句を詠むなど仕事をするときは燃える「夏の心」、推敲するなど考えるときは澄んだような「秋の心」、そして自分に向かうときは厳しい「冬の心」を持っていたのでしょう。

旅を味わうには、芭蕉のように季節感を感じながら「心の四季」を持って旅したいと思います。
芭蕉の「心の四季」から旅を楽しむコツは、「どのような手段でどこに行ったのか?」とか「そこで何を見てどのように過ごしたのか？」といった目に見える部分だけでなく、「そのときに、頭の中で何を考えたのか？」「なぜ、そこに行こうと思ったのか？」「そのときの気持ちや感情、感覚はどうだったか？」といった目に見えない部分についても振り返り、現実の世界だけでなく、内面的な世界にも関心を持つことです。

この自分自身の「心の世界」にこだわると、旅での学びが深まり、芭蕉や西行法師のように歌には詠めなくても自身の素直な感動を言葉として残すことができます。

5　松尾芭蕉の旅の秘訣は「観察眼」

俳諧の道を究めるために旅に出た芭蕉

芭蕉に最も影響を与えた人物は、まだ芭蕉が松尾宗房（通称、甚七郎）と名乗っていた頃に仕えた藤堂新七郎嫡子良忠（俳号は蝉吟）でしょう。良忠は芭蕉より2歳年上で、芭蕉に俳諧の世界を紹介した藤堂家の若殿でしたが、若くして亡くなりました。その際、芭蕉には「世の中利口すぎると物が見えぬ、アホウに生きるも一生」と言い残したと言われています。

そこで、芭蕉は良忠を偲びながら、俳諧のアホウとして己の道を歩まんと江戸へ旅立ったと考えられます。俳諧はもともと戯れ詩《うた》でしたが、その俳諧の新天地を江戸に求めたのです。そして、芭蕉は旅を通じて俳諧の道を究めたのですが、私はその成功は芭蕉の「観察眼」にあったのではないかと思います。

一度限りの人生を豊かにする旅には「観察眼」が必要

北村薫作『空飛ぶ馬』に「小説が書かれ読まれるのは人生がただ一度であることへの抗議」という文章がありますが、この「小説」という言葉は「旅」に置き換えられると思います。人生は一度限りなので無限の可能性の中から1つしか生きられません。よって別の土地に生きる別の自分のストーリーを思い描くために旅に出るのです。

すなわち旅は一度限りの人生を豊かにするために行われる貴重な創造活動なので、確かな「観察眼」をもって新たな気づきを体験すべきなのです。芭蕉は旅先での「物語」をしっかりと観察し、自分の生きた「物語」と対比させながら俳諧の道を究めたのです。

言い換えれば、芭蕉の人生観と旅先での出来事が織りなす新しい創造活動が「かるみ」の境地を生み出したと考えられます。

「観察」の心得五原則

私も「旅行＋知恵＝人生のときめき」であることに気がついて、旅から多くのことを学べるようになったのは、芭蕉の「観察眼」を意識したことがきっかけです。その「観察眼」は物に対してだけでなく、お客様に対して「誠実な関心」を寄せることでした。そしてこの「誠実な関心」を寄せるにはどうすればよいかと言えば、まずは相手をよく見て「きき上手」になることでした。

私はツアーに同行して数多くの名所旧跡を案内してきましたが、最近では、私が一方的に解説するよりもお客様の質問にお答えする機会が増えており、私が心掛けている「観察」の心得五原則は次の５つの「みる」と５つの「きく」です。
・みる【見る、観る、視る、診る、看る】
・きく【聞く、聴く、訊く（質問）、利く（役に立つ）、効く（影響を与える）】
しかし、「訊く（質問）」場合には相手も大切で、芭蕉ゆかりの伊賀国の柘植で少年時代を過ごした小説家の横光利一は、「芭蕉さん」について村の子どもに訊いたので「芭蕉さんとは柘植にある福地城跡のことと思っていた」と『考える葦』の中に書いています。

6 「おそれ」と「かたじけなさ」

芭蕉と西行法師の「死生観」

芭蕉と西行法師の間には５００年の歳月がありますが、旅に関しては共通点が多く存在します。しかし、２人の詠んだ歌から内面的な部分にフォーカスすると相違点が見つかります。それは「死」への心構えという「死生観」に表れています。

「旅に病んで　夢は枯野を　かけ廻る」　芭蕉

【横光利一『考える葦』に記された「芭蕉さん】

横光利一の「考へる葦」の中に
幼いとき私は福地伊予守の城址へよく遊
びに行ったが、そこの荒れ果てた草の中
に古井戸が一つあった。中を覗くと羊歯
や苔の生えてゐる間から骨の露出した番
傘がいつも水の上に浮いてゐた。井戸の
前に句碑があった。そこに古池や蛙飛び
こむ水の音と書いてあるので、この井戸
の中には蛙がそんなにゐるのかと思った
のを覚えてゐる。子供達はみなこの城址
のことを　芭蕉さん芭蕉さんと呼ぶ習慣
であったが　芭蕉さんとは何のことだか
さっぱり私には分らなかった。私は芭蕉
さんとはなんだと訊くと、村の子供らも
分らぬらしく誰も何とも答へなかった。

この芭蕉の辞世の句はよく知られていますが、この句からは現世へのこだわりが感じられ、まだ死を覚悟していたとは思えません。

「願わくは　花のしたにて　春死なん　そのきさらぎの　望月の頃」　西行

一方、西行法師の有名な辞世の歌からは、自分の死はこのようにあって欲しいという死への心構えが感じられます。この点が、旅を住処とした「漂泊の俳人」松尾芭蕉と出家した「僧侶」西行法師との根本的な気質の違いではないでしょうか。

すなわち、同じ先達の足跡を訪ねる旅であっても、このように先人の内面的なところに意識を向ければ、旅の楽しみも深まります。

西行法師の「かたじけなさ」と「畏《おそ》れ」

私には「おそれ」という言葉から連想される歌があります。それは西行法師が伊勢神宮で詠んだと伝わる歌です。

「なにごとの　おわしますかは　知らねども　かたじけなさに　涙こぼるる」　西行

西行は花と月をこよなく愛した歌人で、自然や心情をありのまま歌に詠み、河内の国の弘川寺で西方の浄土へ旅立たれました。弘川寺は行基や空海も修行した寺院で、本堂の奥に建つ西行堂にはどことなく「かたじけなさ」を感じます。

この「かたじけなさ」の実感は「畏《おそ》れ」であり、伊勢神宮をはじめとする神社仏閣には、このはばかられる雰囲気があって、その言葉では表せない畏怖感によって人は神社や寺に詣でるのです。

「旅」という言葉の語源と「恐れ」

今日の旅は観光、癒しなど快適・安楽を求めるレジャーの一部になっていますが、本来「旅」という言葉の語源は次のとおりです。

・食べ物を乞う「給《た》べ」
・他人の竈《かま》で調理された食べ物を食べる「他火」
・他の場所で日を過ごす「他日」

このように慣れない土地に対する不安や恐怖を伴うことから、旅には「恐れ」に立ち向かう冒険的要素がありました。

「おそれ」を克服した芭蕉の旅

すなわちかつての「古《いにしえ》の旅」はいつも危険と隣り合わせで、西行に憧れて旅をした芭蕉も『おくのほそ道』の中で自身が旅にあって苦行する修行の句を多く詠んでいます。冒頭には「古人も多く旅に死せるあり」と記していますが、もともと古人が旅に死んだのは覚悟の上ではありません。

しかし、芭蕉は俳諧に対する求道精神から決死の覚悟で旅に出たのです。これは日本人の武士道精神に通じるものがあり、芭蕉の「惧《おそ》れ」に挑む強い行動力と意志こそが、今も私たちを「芭蕉の

【西行法師が「かたじけなさ」を感じた伊勢の「神宮」】

足跡をたどる旅」に誘うのです。

歴史を振り返るとこれらの「おそれ」を克服し、畏怖しつつも魅了される「おそれ」に挑む旅こそが人を進化させるのではないでしょうか。芭蕉もみちのくを旅して、心の「惧《おそ》れ」を克服した結果、「不易流行」という俳諧の本質を発見し、「俳聖」になったのだと思います。

7 旅で感じたことは言語化する

俳句という言語技で「西行」に出た芭蕉

芭蕉は西行法師の跡を追って旅をしていましたが、「旅をする職人」「渡り職人」のことをかつては「西行」と呼んでいました。職人は、親方の下で修業を積んだ後、旅まわりをして腕をみがきましたが、これを「西行」に出るといったのです。芭蕉のような俳諧師に限らず、料理人や建築士のような職人は、旅に出て修行を積んだのです。

旅をして珍しいものや見たことのない物に出会うのは、ある意味では当然であり、不思議なことでもありません。むしろ同じものを見つけることのほうが珍しく、難しいことだと思います。ここで私が言う「同じもの」とは、自分が知っているもの、親しんでいたもののことです。

旅において異文化に触れ、見知らぬ世界に入った際、それを理解するためには、自分と同じものや共通したものを探す必要があるのです。そして、自分の知っていることや自分自身と共通したことなどから未知の世界が見えてくるのです。私にとって芭蕉の『おくのほそ道』が面白いのは、芭蕉が俳句という自分の技を通じて、みちのくの異文化を教えてくれているからです。

俳句を詠むという職人芸を披露した芭蕉の旅

私は、芭蕉は俳人でありながらコミュニケーション術に秀でた旅の達人であると考えています。それは俳句を詠むという職人芸を披露しながら旅をして、旅先で俳句を愛する仲間に世話になることが上手であったということです。

すなわち、旅先で暖かく歓迎され、現地の人から「おもてなし」を上手に受ける人が旅の達人で、その有力な武器が「技」や「芸」なのです。

私は「奥の細道の旅」を企画した際、芭蕉の足跡を訪ねて、旧街道の残っているところはできるだけ歩いて芭蕉の気持ちになって旅してみました。そして気がついたことは、芭蕉は日光街道、奥州街道、羽州街道、北国街道など、各地ですばらしい句を残していますが、不思議なことに伊達藩の仙台では名句と呼ばれる俳句は詠んでいません。

なぜだろうといろいろ考えてみましたが、その理由は仙台においては芭蕉を迎えて、句会を開いてくれる人がいなかったからだと思います。あてにしていた人はいたかもしれませんが、あいにく留守であったのか、泊めてくれる人もいなかった様子で、やむなく高い宿に泊まらざるを得ず、長居しても相手をしてくれる門人もいなかったことから、早々に仙台を旅立ったのだと考えられます。

伊達藩の城下町であり、大都会であった仙台ならば、本来、ゆっくり滞在して、多くの俳句をつくっていたはずです。実際、「奥の細道の旅」ルート上の東北各地には、芭蕉の思い出が数多く残されており、芭蕉が詠んだ句碑も多く建てられ、今日でもその跡を訪ねる人が絶えません。

芭蕉の「俳句」はお世話になった人に対する御礼の挨拶

しかし、旅人の芭蕉と触れ合う人がいなかった仙台では、芭蕉にふさわしい句が残されていないのです。このことは、俳句が個人の独白的なモノローグではなく、対話というダイアログの芸術であることを示唆しています。旅する俳人は、旅先で俳句を愛する仲間に迎えられて句を詠むのですが、俳聖松尾芭蕉も門人仲間にお世話になっていい句が詠めたのです。俳句とは旅先でお世話になった人に対する御礼の挨拶でもあったのでしょう。

芭蕉の旅は、俳句で通じ合える仲間を見つけていく旅でもあったわけですが、仙台ではその同好の仲間を見つけることができなかったのです。

「俳句」は対話というダイアログの芸術

芭蕉は俳句を詠むという技をもって日本を巡った旅の達人なのです。芭蕉は『笈の小文』の最初にある句で「旅人と　我が名よばれん　初しぐれ」と詠んで、旅を住処としましたが、俳句を詠む技があれば、どこに行っても人々に迎えられ、句会をひらいては旅費を稼げたのです。

しかし、仙台では俳句という同じものを共有できる仲間を探し出すことができず、句を残せないまま立ち去ったのでしょう。芭蕉にとって俳句は、旅における人と人をつなぐコミュニケーションツールであり、この俳句という技を以て旅先の人を仲間というより門人とすることができたのです。

私たちも芭蕉にならって、旅先での感動を俳句に詠むなど、言語化して記録に残すとコミュニケーション術も向上すると思われます。

信念で旅に生きた結果、「かるみ」を発見

私たちは、「人のために何ができるかを考えろ」と幼い頃からずっと教えられてきました。しかし、人のために行動し幸せになる人もいますが、人のために行動しても幸せになれない人もいるのです。その点、芭蕉はすべての門人のことを思っていたのではなく、自分自身と自分の俳句を理解してくれる門人のことだけを考えていたので、お伴の曽良や門人ともうまくつきあえたのです。芭蕉は晩年、到達した俳諧の理念である「かるみ」を生まれ故郷の伊賀上野の門人に語りましたが、支持されませんでした。しかし近江の門人たちにはこの「かるみ」を理解してもらえたのです。

私は芭蕉の旅から、まずは自分が楽しんで満足しないと人を楽しませることはできないということと「すべての人の言うことを聞き入れたら、自分の信念がゆらぐ」ということを学びました。

芭蕉はただ一点、風雅を求めて旅をしていたので、基本的に道中、門人の言うことや曽良の話は聞いても、その言葉には左右されず、感じたことを俳句に詠んで「かるみ」に到達したのです。

【伊賀市「ふるさと芭蕉の森」の芭蕉句碑】

第3章　人生を変える新しいテーマ旅行

1 「風」の旅　風の匂いと「風の彫刻家」新宮晋

「風」まかせの旅は春風駘蕩《しゅんぷうたいとう》の世界

私は三重県名張市平尾山という山中で育ちましたが、この山は「桜ケ丘」とも呼ばれた桜の名所で、春になると爽やかな風が吹き、桜の花の散る風景がとてものどかに感じられ、まさしく春風駘蕩《しゅんぷうたいとう》の世界でした。

「春風駘蕩」とは春の風がのどかに優しく吹いているさまを言い、転じて、何事もなく平穏であるとの意味ですが、これは中国の詩人、謝朓《しゃちょう》が春の景色を詠んだ「春物方《まさ》に駘蕩たり」（春の景色はまさしくのどかなものである）が語源とされています。

帆船が出帆のために順風を待つことを「風待ち」と言いますが、私は桜ケ丘で過ごした幼い頃、この春風を待ちわびて、この風が吹くと風まかせに旅に出たくなりました。

ナポリ湾の船上で味わう「観風」気分

また、物事がきわめて快調に進んでいるさまを「順風満帆」と言いますが、昔の帆船の旅では潮の流れと共に「風」の向きが重要で、その意味では旅には風が不可欠だったのです。今日の豪華客船では港で「風待ち」をする必要はありませんが、「風」をテーマとした旅となれば、やはり船旅で風光明媚な港を巡り、船のデッキで土地の風を体で感じるのが一番です。

例えばイタリアのナポリは、ペトラルカ通りから眺めるナポリ湾の景観も素敵ですが、船から風を感じながら「卵城（カステル・デッローヴォ）」のあるサンタルチア港へ向かう景観は、まさしく動く「風景」で、これはもはや「観光」ではなく「観風」の気分です。私はクルーズ中、船のデッキで風を感じると旅している気分が味わえるのですが、風には独特の「匂い」があるのです。

ナポリ市内では、「ポジリポの丘」中腹にある聖アントニオ教会前の広い展望テラスから、そのイタリアの匂いのする「そよ風」を浴びながらナポリ湾の絶景パノラマが楽しめます。右奥には見事なヴェスヴィオ火山の雄姿、手前には卵城、左手にはヴォメロの丘と斜面の景色、青い海のはるか前方にはソレント半島も一望でき、ゲーテの『ナポリを見てから死ね』の言葉が実感できます。

ポジリポの丘から見たナポリの夜景は、日本では「世界３大夜景」の１つとして知られていますが、ここは「ポリジポ（ギリシャ語で「癒す」意）」という地名通り、快適な「風」が心を癒してくれる場所なのです。

「風」まかせの旅で「風の彫刻家」新宮晋氏の作品を訪ねる

日本で「風」をテーマとした旅となれば、おすすめは「風の彫刻家」と呼ばれる新宮晋《しんぐうすすむ》氏の作品を見に行く旅です。例えば新宿駅西口地下広場の「宇宙へのメッセージ」、横浜美術館の「風の音符」、関西国際空港の「はてしない空」など全国各地にあります。

【新宮晋（すすむ）「風のミュージアム」】

私は実家が兵庫県の西宮なので、新宮晋氏の本拠地である兵庫県三田市に近い県立有馬富士公園にある「風のミュージアム」をしばしば訪ねます。「風のミュージアム」は、風や水で動く作品で知られる「風の彫刻家」新宮晋が兵庫県に寄贈した「里山風車」と風で動く12点の彫刻が、県立有馬富士公園の休養ゾーンに常設展示される野外ミュージアムです。

ここに来ると、それぞれの作品が、風を受けながら自立し、優雅に舞い踊っているように思えて、同時に目には見えない自然のリズムが感じられるのです。あくまでも自然体で、あくせくすることなく、風の流れや風が運んでくる匂いを感じ取れるようになり、「風」まかせの旅を満喫することができます。

2　「石」の旅　小豆島丁場と醍醐寺三宝院「藤戸石」

旅先で想い出を創り出す「石」

人類の歴史において、石がどのような意味を持つのかと考えてみると、人と石との交わりは旧石器時代に遡り、石斧《せきふ》や矢じりといった石を道具として用いることから始まりました。そして石器時代から人は石とさまざまな付き合いを重ねて歴史を刻んできましたが、人は石を動かし、石を刻み、石を用いて暮らしをたててきたのです。

そこで、私は自然界の巨石、庭園の石、石造建築物、石碑など、旅を促し、旅先での想い出を創り出してくれる石を眺め、石と人とのさまざまな出会いについてじっくりと考えてみました。

全国各地の神社の境内やご神体とされた山や丘には、多くの「磐座《いわくら》」と呼ばれる巨石や石の群れがありますが、これらは天の神様が来臨する場所とも考えられていました。そして、この磐座は庭園の石組みの原型と言われており、日本の庭園が世界の庭園と最も異なる点はこの石の存在です。

織田信長と天下人のシンボルとされた「藤戸石」

これらの石は人と同じ「意思」を持った存在であり、石の扱いは人とのつきあいと同じで、その思いを汲んで行われるべきものでしたが、この石をきわめて政治的に活用した人物は織田信長でした。信長は１５６９年、「由緒ある名石」とされていた「藤戸石」なる大石を、室町幕府第15代将軍足利義昭のために造営中だった二条館へ運ばせています。

それも単純に運んだのではなく、多くの人夫に命じて、この「藤戸石」と呼ばれた名石を綾錦で包み、花で飾り、笛や太鼓の演奏でにぎやかに囃し立てながら二条館の工事現場まで持ってこさせたのです。この「藤戸石」は現在、京都の醍醐寺三宝院庭園の主石として立っていますが、この庭園は豊臣秀吉が基本設計をしたと伝えられる名園で、国の特別史跡・特別名勝に指定されており、表書院から、「藤戸石」が鑑賞できます。

しかし、この石は名前の由来通り、岡山県倉敷市藤戸町にありましたが、源平合戦で源氏の武将佐々木盛綱に勝利をもたらしたことから「戦勝のシンボル」となり、信長が目をつけたのです。すなわち、この石をもつことは第一の権力者の証とされ、天下人であることを誇示する象徴だったのです。

大阪城の石垣と小豆島の丁場

信長の後を継いで天下人となった豊臣秀吉も大阪城の石垣で威厳を示していますが、その石垣修復用に切り出されながら、使用されなかった小豆島の「残念石」も見事です。この「残念石」の約400年の歴史が凝縮されているのが「岩ケ谷の天狗岩」など、丁場《ちょうば》と呼ばれる石切場です。巨大な天狗岩付近には、今も六百個あまりの残石が確認されており、転がっている巨石は大坂城修復のため切り出されても運ばれなかった「残念石」なのです。

また「天空のパワースポット」と呼ばれる、今にも落ちそうな「重ね岩」も丁場の1つで、小豆島のランドマークになっており、ここから眺める瀬戸内海の景色は絶景です。小豆島には今なお石にまつわる信仰や芸能が継承されていますが、それは石が動かされる前に、人の心に恐れや悲しみを刻み、逆に人の心を動かしていたからです。

石は人を動かし、人に語りかけもします。それは石が容易には動かず、形も変えず、永続する姿も持っているからです。これまでは自由に使っていた石ですが、石も言い換えれば天然素材であり、限りある資源なので、目の前に転がっている石ころがいつかは貴重な存在になるかもしれません。

このように人と石とのあり方について思いめぐらすのが、「石」をテーマとした旅なのです。

【小豆島の丁場「重ね岩」】

3「塔」の旅　仏塔《パゴダ》とタワー

「凍れる音楽」と呼ばれる薬師寺の東塔

「塔」と言えば、フェノロサの「凍れる音楽」で知られる薬師寺の東塔を連想しますが、私には佐々木信綱の次の歌が印象に残っています。

「ゆく秋の　大和の国の　薬師寺の　塔の上なる　ひとひらの雲」

美しい薬師寺の東塔を詠んだ佐々木信綱の歌ですが、日本の秋を象徴的に歌い上げており、大和の国から薬師寺、そして塔へと徐々に視点がズームアップしています。

この薬師寺の東塔は１３００年前の創建以来唯一現存している建物です。一見、六重塔に見えますが、間に挟まるのは裳階《もこし》と呼ばれる装飾的な屋根で、実際には三重塔です。法隆寺の五重塔は、斜線の角度の美しさで人の心を揺さぶりますが、薬師寺の東塔はこの屋根と裳階が奏でるリズムの美しさで私たちを感動させてくれます。

東洋の塔は仏舎利を祀る仏塔《パゴダ》

仏教では仏像が造られる以前は、仏舎利を祀る「塔」を礼拝の対象としていました。その塔をインドではストゥーパ（卒塔婆）と呼び、日本でもそれを真似て高く聳える建物を建立して「仏塔《パゴダ》」

と称したのです。

実際、日本に仏教が伝来した頃の古い寺院には、必ず塔が建てられ、伽藍配置は塔が中心でした。釈尊を礼拝するだけであれば、低い建物でも事足りますが、あえて高い仏塔を建てたのは、釈尊の偉大さを表現する意味があったのでしょう。低ければ見下げることになり、高ければ自然に見上げて、佐々木信綱の歌にあるように天を仰ぎ見て感動する心境に繋がります。

薬師寺建立の頃は新羅仏教の影響で、金堂を軸として両腕のごとく東西に塔を建てる双塔式伽藍になっており、長年、古建築に携わってこられた宮大工の西岡常一《つねかず》棟梁は、「薬師寺伽藍は塔が二つあって初めてバランスが取れる」と言っておられました。

今日では兵火によって消失した西塔も復興されており、境内で1300年の年輪を経て建つ東塔に対峙する西塔の美しい姿を仰ぎ見れば、釈迦の永眠の象徴としての塔を実感することができます。特に塔の頂にある飛天と雲をかたどった美しい「水煙」はまさに「凍れる音楽」です。

西洋におけるシンボル的な塔《タワー》

しかし、東洋の仏教圏だけでなく西洋のキリスト教圏においても、主要都市にはシンボル的な塔《タワー》が建てられており、ピサ大聖堂の鐘楼「ピサの斜塔」はその代表です。「ピサの斜塔」はイタリアの世界遺産「ピサのドゥオモ広場」を構成する観光スポットで、階段は296段あり、頂上からは「ピサの街並み」と「奇跡の広場」を眺めることができます。

【西洋におけるシンボル的な塔「ピサの斜塔」】

私は初めて訪れたヨーロッパの街では、その最も高い丘や塔に上ります。高所に立てば、眼下に広がる迷路のような旧市街の輪郭がつかめるだけでなく、郊外の美しい景色、さらには地平線のかなたも眺めることができて爽快な気分になるのです。

特に塔は地上の路地裏では目印となり、近づいて仰ぎ見るとその土地の人々の「より高く」を目指した心意気のようなものが感じられ、登るのは大変ですが、登ったあとには最高の解放感が味わえます。すなわち塔は地上の虫の目と高所からの鳥の目とをつなぎ、街の印象をより一層鮮明にしてくれるので、街を訪れた実感が湧いてきて、その結果、旅の印象に残るのです。

そこでキリスト教圏において「人はなぜ塔を建てたのか」を考えたとき、ヨーロッパ文化の基礎をなすギリシャには塔はありません。しかし、「ピサの斜塔」もそうですが、イタリアの都市には塔が多く、シエナ、フィレンツェ、ボローニャなど、中世からルネサンスの時代に栄えた都市には高く美しい塔が多く残っています。また、今も建築が継続しているガウディが設計したバルセロナのサグラダ・ファミリア聖堂のように、これでもかといった感じで尖塔が立ち並ぶ教会もあります。

東洋の仏塔《パゴダ》と西洋の塔《タワー》の違い

『塔の思想』を書いたアレクサンダーによれば、人間には自分を超えようとする強い衝動があり、その衝動のせいで「より高く」をめざして塔は建てられる、と説明しています。確かに西洋の塔を見上げると、「より高く、あくまでも高く」という強い意志が伝わってきて、高い空へ突き刺さるようにそびえる尖塔は感動的でもあります。

一方、梅原猛氏は『塔』の中で、アレクサンダーの説に疑問を投げかけ、東洋の塔は釈迦の骨を収める墳墓としての仏塔であり、高所を目指す意思はなく、「より高く」を求める西洋の塔《タワー》と違って、仏塔《パゴダ》は墳墓として完結している、と主張されています。

また、仏教、キリスト教に限らず、イスラム寺院のモスクにも塔が備わっています。例えばイスラム建築の最高峰と呼ばれるインドのタージ・マハル廟の四隅には優雅な尖塔がそびえ立っています。

私は世界各地の「塔をテーマ」とした旅から、洋の東西を問わず、「塔」には人間の争いの心を抑え、和ませる力があるように感じました。すなわち「塔」は私の旅においては心の風景として記憶に残っています。そこで旅先に塔があれば、ぜひ塔に登り、周囲を見渡したときのあの解き放たれたような心地良さを味わっていただきたいと思います。

4　「おもてなし」の旅　信長公のおもてなしと琉球文化

「ホスピタリティ」と「おもてなし」

「ホスピタリティ」という言葉は日本語では「おもてなし」と訳されますが、厳密に言えば意味は少し異なります。ホスピタリティの語源は、異国から訪れた人を教会等の施設が保護したことから、客人を保護するといった異人歓待がベースとなっています。一方、「おもてなし」は諸説ありますが、聖徳太子が制定した憲法十七条の第1条「和を以て尊しと成す」の「以て、成す」というところから「もてなす」になったと言われています。

この「もてなし」あるいは「もてなす」という日本語は古くからあり、『源氏物語』にも登場しています。その意味は「教養、性格などによって醸し出される態度、身のこなし、ものごし」と「人に対する態度、人に対するふるまい方」の両方があり、さらに心と物の両面があります。

人が人をもてなす際には、一方的にもてなされる側が受益者になるのではなく、もてなす側もてなす喜びを共有することができます。すなわち「もてなし」とは、もてなす人ともてなされる人との関係性の間にある文化ですが、この「もてなし」を最も効果的に行った歴史上の人物は織田信長です。

岐阜における信長公の「おもてなし」

意外かもしれませんが、織田信長が自身の領地である岐阜で行ったのは、戦いではなく、文化の力で有力者たちを迎える、物心両面からの手厚い「おもてなし」だったのです。堺の茶人、津田宗《そう》及《ぎゅう》やイエズス会宣教師のルイス・フロイスなど、多くの有力者が信長公からの「おもてなし」を受けています。

巨大庭園を持つ迎賓館「山麓居館」や山上の岐阜城、そして金華山や長良川の美しい自然環境と眺望を活かした岐阜の各所で、信長公自らが案内や給仕をしたと伝わっています。そして城下町での一番のおもてなしといえば、今日でも人気の高い長良川「鵜飼」でした。「鵜の庵《いおり》　鵜」は、鵜匠さんたちの家が連なる「鵜飼の里」にあり、伝統的な鵜飼を今に伝える山下純司鵜匠のおもてなしが受けられるアユ料理のお店です。

信長公は、金華山などの自然と城下町が一体となった素晴らしい景観や鵜飼文化にその価値を見出し、軍事施設の城に「魅せる」という独創性を加え、おもてなしの文化をつくったのです。そして信長公が形づくった町並みや鵜飼文化が残る岐阜の地は、『「信長公のおもてなし」が息づく戦国城下町』として日本遺産にも登録されました。

琉球王国のおもてなしは「守礼の心」

日本遺産と言えば、令和元年に認定された沖縄県の『琉球王国時代から連綿と続く沖縄の伝統的な「琉球料理」と「泡盛」、そして「芸能」』もおもてなしの文化です。沖縄はかつて琉球王国と呼ばれ、独自の文化を形成し、「守礼の邦＝礼節を重んじる国」として、訪れる外国賓客をもてなすために「礼遇」を大切にしていた国でした。

特に中国皇帝から派遣された冊封使《さくほうし》節団は、滞在期間が約半年間にも及び、宴は国を挙げての重要な行事で、そこで供された宮廷料理や御用酒泡盛、宴を盛り上げた芸能などは、今も沖縄の誇りとして県民に親しまれています。沖縄のメインストリート那覇国際通りにある琉球料理「首里天楼」

は、琉球宮廷料理と琉球舞踊が堪能できる料亭で、琉球王国のおもてなし文化が体感できます。

この琉球王国時代に育まれた沖縄の食文化と芸能は、「世替わり」の歴史を反映しながらも、岐阜の信長公「おもてなし」と同様に、連綿と続く「守礼の心」で受け継がれています。

5 「潮」の旅 「鳴門のうず潮」と「潮待ち」の港

世界最大級の渦潮「鳴門のうず潮」

潮と言えば「鳴門の渦潮」という言葉が連想されますが、鳴門海峡に発生する渦潮は、春と秋の大潮の際には渦の直径が最大で30mにも達し、渦の大きさは世界でも最大規模と言われています。

潮流は抵抗が少ない深部では速く流れ、抵抗が多い浅瀬では緩やかに流れ、速い潮流と遅い潮流がぶつかることにより「渦」が発生します。

この鳴門海峡は兵庫県南あわじ市と徳島県鳴門市との間にあって、播磨灘（瀬戸内海）と紀伊水道（太平洋）を結ぶこの海域の潮流は、日本中で最強の速力があり、大潮時には毎時18㎞に達しますが、海の幸に恵まれています。

海の栄養分の多くは川から流れ込み、そのままでは海中に沈んでしまいますが、それを渦潮という潮の流れがプランクトンと一緒にまんべんなくかきまぜて、瀬戸内の豊かな海を支えているのです。

【鳴門大橋と鳴門のうず潮】

風光明媚な瀬戸内海は、この鳴門海峡を通る紀伊水道（太平洋）と関門海峡を通る豊後水道（日本海）という二方向からの海流がぶつかりあう潮流の激しい内海です。

そして瀬戸内海では１日に２回の干満があって、満潮時には紀伊水道と豊後水道からの海流がほぼ中央の広島県福山市の鞆の浦沖でぶつかり、逆に干潮時には鞆の浦沖を境にして東西に分かれて流れ出ています。

朝鮮通信使ゆかりの「潮待ち港」鞆の浦

そのため、木綿帆が使われる以前の「地乗り」と呼ばれる沿岸航海主流の時代には、瀬戸内海を航海する際、逆潮を避けるために鞆の浦で潮流が変わるのを待たねばならなかったのですが、潮流の流れの向きが変わるまで待つことを「潮待ち」と呼び、瀬戸内海には鞆の浦港を中心に赤間関（下関）、尾道、牛窓、室津などの潮待ちの港が設けられていたのです。

令和の出典となった万葉歌で知られる大伴旅人もこの鞆の浦で「潮待ち」をしたときに句を詠んでいます。

「吾妹子《わぎもこ》が　見し鞆の浦の　むろの木は　常世にあれど　見し人ぞなき」　大伴旅人

鞆の浦の港には、江戸時代の港湾施設である「常夜灯」「雁木」などがすべてそろっており、江戸時代の町絵図が現代の地図としても通用する稀有な港町です。

また、朝鮮通信使の寄港地にも指定され、第８回通信使従事官の李邦彦は、福禅寺対潮楼から眺めた鞆の浦の景観を「日東第一形勝（朝鮮より東の世界で一番風光明媚な場所）」と賞賛しています。しかし、航海技術が発達して潮流の穏やかな沖合を、多少の逆潮でも風さえよければ航海可能となってからは、「地乗り」から「沖乗り」へと航路が変わり、「潮」の意識も薄れていきました。

そこで、令和の時代を迎えた今、万葉人や朝鮮通信使の航海、源平の合戦（屋島・壇ノ浦）などの歴史的出来事が「潮」に関係していたことを体感すべく、瀬戸内海の「潮待ち」の港を訪ねてみてはいかがでしょうか。

6　「森」の旅　ノイシュヴァンシュタインと日本の杜

「眠れる森」に佇むノイシュヴァンシュタイン城

アメリカのカリフォルニア州アナハイムに開園した最初のディズニーパークの中心にそびえ立つ城のモデルは、ドイツの「ノイシュヴァンシュタイン城」であることは有名です。これはウォルト・ディズニーが童話原作のアニメーションに携わった最後の作品『眠れる森の美女』を宣伝する目的から選ばれたと言われています。

ノイシュヴァンシュタイン城はワーグナーをこよなく愛し、中世騎士の世界を夢見たロマンチストのルートヴィヒ二世が建てた「眠れる森」に佇む夢の城です。南ドイツのバイエルン州フュッセン近郊の森の中、周囲を威圧するかのように美しくそびえる中世風の城ですが、これがウォルト・

ディズニーの「眠れる森の美女」のイメージと同化して夢の国「ディズニーランド」の城にもなったのです。

しかし、このノイシュヴァンシュタイン城は伝統的な石造りの築城方式ではなく、城館に付属すべき聖堂もないために、世界遺産には登録されていませんが、ドイツの観光ガイドなどには必ずといっていいほど紹介されており、誰もが一度は訪ねてみたい旅行地です。

「眠れる森」をテーマとした旅

そこで私はウォルト・ディズニーのイメージした眠れる森をテーマとした旅を考えてみました。

「森」という言葉から連想される私のイメージは、「コトコトコットン　コトコトコットン」の『森の水車』に歌われる、楽しい春を告げる緑豊かな明るい森です。そして森と言えば林も思い浮かびますが、木、林、森という「木」の足し算は、木々のイメージの掛け算でもあります。実際、「森」の語源は「盛り」で、樹木が勢いよく成長し、盛んに葉を茂らせ、元気でみずみずしい姿のイメージです。しかし、「林」は「生《は》やし」、すなわち人工的に植えられて育った木々を意味します。

『森の水車』に似たドイツの楽曲『黒い森の水車』に登場するシュヴァルツヴァルト（黒い森）は、ほとんどが人間の手による人工林なので「黒い林」と呼ぶのが正しいのかもしれません。ドイツ人は森を歩くのが好きだと言われていますが、これはドイツの森の多くが人工林のため、見通しがよく、歩きやすいからだと思います。

【「眠れる森」に佇むノイシュヴァンシュタイン城】

特にロマンティック街道のフュッセンに近い山麓では、『眠れる森の美女』が住んでいそうな「白鳥城」とも呼ばれるノイシュヴァンシュタイン城やホーエンシュヴァンガウ城などの美しい城を望みながら森の散策ができます。

ロマンティック街道協会の公式サイトにも「ロマンティック街道という名称は、国内外の旅行者が中世の町や夢の城ノイシュヴァンシュタイン城を見て感じるもの、すなわち過去に戻ったかのような感覚と魅力を表現している」と説明されており、白鳥城周辺の森は、ウォルト・ディズニーの夢の国に通じるものがあります。

日本の森は神々しい神社の「杜」

一方、日本で「森」と言えば「京の糺《ただす》の森」、「大坂の信太《しのだ》の森」、「江戸の鈴ケ森」のように、暗くおどろおどろしい「杜」のイメージもあります。

大阪府和泉市にある葛葉稲荷神社の「信太の森」は、古歌の歌枕にもなっており、この森にすむ白狐が美女に姿を変えて人間と結婚し、生んだのが最近話題の陰陽師である安倍晴明《あべのせいめい》と言われています。

京都市左京区の「糺の森」は、賀茂御祖神社（下鴨神社）境内にある社叢《しゃそう》林で、古くは『源氏物語』や『枕草子』にも歌われた史跡です。

江戸の「鈴ケ森」の名前は、今の品川区の鈴ケ森八幡と称された磐井神社の森に由来し、江戸幕府がここに刑場を設けたことにより、全国に知られるようになりました。

木や森への畏れと親しみの心を感じる旅

鈴ケ森が八幡社の森であり、京都の糺《ただす》の森が下鴨神社の森であるように、かつての日本の森は「杜」と書くほうがイメージを伝えやすいようです。

私が紅葉の時にしばしば訪ねる「糺《ただす》の森」は京都市左京区にあり、縁結びのパワースポットとして人気の下鴨神社の参道に広がる広大な森で京都随一の癒しスポットです。常緑の針葉樹が少なく落葉樹が多いので、神秘的ですがドイツの森のような明るさもあって、木漏れ日が誘う森の万華鏡を歩いているように感じます。

木を見て森を見ないとか、森を見て木を見ないとか言われますが、私の提案する「森の旅」は、命の尊さを無言のうちに語る森の言葉を聞くと同時に木や森への畏れと親しみの心を感じていただく旅です。

7　「駅」の旅　旅好きにローカル線利用のゆったり旅

「駅」の語源と「駅」をテーマとした旅

最近の旅の主流は、旅行者の数から言えば、バスによる日帰り旅行かもしれません。しかし、本当の旅好きな人にとっては、やはりバスではなく列車を利用した旅行だと思います。そして、同じ鉄道であっても便利で目的地に早く到達できる新幹線利用ではなく、のんびりとしたローカル線の「駅」をテーマとした旅も魅力です。

「駅《えき》」は日本の歴史に登場した頃は、「うまや」と訓読みされ、古代の官道に30里ごとに設置された馬の乗り継ぎ場のことでした。古代の日本では、中国の駅制に倣って都を中心に官道を造り、馬に乗った駅使《はゆまつかい》が地方への情報伝達を行っていましたが、駅はその駅使の休息や宿泊の施設として設けられていたのです。

しかし、横浜と新橋間に鉄道が開通し、鉄道が一般に普及してからは「駅」と言えば鉄道駅の意味で使われるようになりました。そして鉄道旅を楽しむ者にとっては「駅」の情報はとても重要です。

例えば「駅」と言えども降りることができず、そのまま引き返すしかない、ＪＲ東日本のロール線、鶴見線の終着駅「海芝浦駅」のような特殊な駅も存在するからです。この駅は東芝関連の事業所が改札に隣接しており、関係者以外は事業所内に入ることができないのですが、関東の駅１００選に選定されており、「鶴見つばさ橋」や「横浜ベイブリッジ」を望む景観の優れた「海に一番近い駅」としても有名です。

そして駅ホームが海に面しており、ホームに隣接して景観の優れた「海芝公園」が併設されているので、海を眺めながら駅でしばしくつろぐ目的であれば、十分に行く価値があり、都会の中にあって「駅」をテーマとした情緒あるローカル線の旅が楽しめます。

北海道ローカル線の終着駅「稚内」

「駅」をテーマとした旅となれば、あまた存在する駅の中でもやはり旅情を掻き立てられるのは本当の「終着駅」、すなわち「列車の終点」ではなく「線路の終わり」となる駅です。

具体的には日本最北端を目指す人が利用する、ＪＲ北海道宗谷本線の終着駅「稚内駅」へのローカル線の旅です。

北海道の旭川駅を出発すると、他の路線と接続することなく、約２６０キロの営業キロを走り、たどり着く駅は日本最北端の駅です。ホームに列車が到着すると「日本最北端の駅、終点稚内駅到着です」と音声放送が入り、窓口では「日本最北端の駅来駅証明書付き記念入場券」も販売されています。

数ある終着駅の中でもその先が行き止まりで、これ以上、陸路で進めない駅はこの稚内駅だけです。この先はパスポートを持って船でロシアを目指すことになります。鉄道マニアでなくとも、ホームに降り立てば、情緒的になって「終着感」を味わいながら、北海道ユースホステルの歌「旅の終り」を口ずさみたくなります。

かつての稚内駅は、樺太への稚泊航路の起点でもあり、北の外れにある稚内港まで線路が延びていましたが、現在の稚内駅には、駅舎を併合した複合施設「キタカラ」から飛び出るようにして線路が伸びており、広場に車止めがあります。これはＪＲ北海道から稚内市へと寄贈された線路と車止めを、元の場所へ再設置して整備された「日本最北端の線路」をアピールするモニュメントです。

【日本最北端の「稚内駅」と線路の終わり】

8 「花」の旅　西行が詠んだ「桜」と道真の「梅」

人を旅へと誘う「桜」～桜と言えば吉野山

日本を代表する花と言えば、皇室の紋章にある菊と日本の木とされる桜です。特に桜は最も多くの人を旅へと誘い出す力を持ち、私は幼い頃に住んでいた所が三重県名張市桜ケ丘（平尾山）という桜の名所でしたので、今でも開花情報の花だよりが聞かれる頃になると気もそぞろ、どこへ花見に行こうかとあれこれ悩みながら時を過ごします。

桜の花は人の心をとらえ、人を動かし、旅の世界へといざなってくれるのです。西行法師も桜に心を動かされて旅をした一人で、『山家集』には桜の歌が数多く収められています。

「吉野山　こずゑの花を　見し日より　心は身にも　そはずなりにき」　西行

このように西行は吉野山を桜の名所として詠っていますが、吉野の桜はシロヤマザクラで、本来は「花見」のためではなく、山岳宗教と密接に結びついた「信仰の桜」として大切に保護されてきました。

しかし、吉野は桜を代表する地名で、桜と言えば吉野、吉野と言えば桜、そして春に吉野が人気の旅先となるのは、桜が旅心を誘い、花をテーマとした旅となればやはり桜見だからです。実際、百人一首でも桜なら吉野、紅葉なら竜田川と『古今和歌集』以来の定番となっています。

万葉時代には「梅」～梅と言えば太宰府天満宮の「飛梅」

一方、日本を代表する歌集の『万葉集』では遣唐使たちが持ち帰ったとされる「梅」が多く詠まれており、天平時代には太宰府の帥《そち》であった大伴旅人が、梅花をめでる宴を催し、そのときに詠まれた「梅花の歌32首」は有名です。「梅花の宴」は、当時、一般には珍しかった梅の花（白梅）をめでて開かれたとされました。

「わが園に　梅の花散る　ひさかたの　天より雪の　流れ来るかも」　大伴旅人

このように梅の花は咲き方・散り方が、雪への見立て（白梅）や恋する人への想いなどを連想させるので、太宰府の大伴旅人邸に集まった人々は、宴に誘われたというよりも、梅の花に心を動かされて足を運んでいたのです。

その後、梅は菅原道真公の伝承とともに、時代を越えて太宰府と関連深い花として親しまれています。

「東風《こち》ふかば　匂ひおこせよ　梅の花　あるじなしとて　春な忘れそ」　菅原道真

多くの受験生は道真公を祀る天満宮へ詣でては、この歌を詠んだ「学問の神様」道真公に合格祈願をしますが、これは有名な「飛梅」を鑑賞する「花」の旅でもあるのです。

道真公を祀る太宰府天満宮には、約２００種、６０００本あまりの白梅・紅梅が咲き、ご神木の「飛梅」は早咲きの白梅で、毎年、境内で一番に開花します。

なお、太宰府天満宮や現在の地名表記は「太宰府」ですが、古代の役所や遺跡に関しては「大宰府」となっています。古代、使われていたのが大宰府で、中世以降に主流となったのが太宰府です。

【大宰府天満宮の梅と道真公の歌碑】

9 「神話」の旅 「国生み神話」の世界

国生み神話に登場する淡路のオノコロ島

神話は事実に関係しながらも、その背後にある深い隠された意味を含む「神聖な叙述」が起源で、神々の出現、国の誕生、文化の起源などあらゆる事象が語られています。

そこで、私は堅苦しい考察はさておき、日本における記紀万葉の神話の世界は、人類の遠い記憶を訪ねる「詩」と考え、登場する神の名前やその役割などを詮索するより、神々の活躍する物語を探求する「神話の旅」をおすすめします。

そして神話の旅を始めるのであれば、やはり神々が誕生し、その天つ神がイザナキとイザナミの夫婦神に国土づくり「国生み」を命じた物語からスタートです。男神のイザナキと女神のイザナミは、聖なる矛で海をかき混ぜ、その矛先から滴り落ちた潮水が固まって島ができました。この島がオノコロ島で、その候補地は日本各地に存在しているようですが、ある学者の見立てでは淡路島周辺の小島とされており、淡路市にある絵島もその1つとされています。

両神はこの島に天火の神カグツチの御柱を立て、左右からまわって出会いを演出し、声をかけあい、交接しながら淡路島を皮切りに八つの島（大八島）を生みました。大八島は瀬戸内海に浮かぶ淡路島を中心に四国、隠岐、九州、壱岐、対馬、佐渡そして大倭豊秋津島《おおやまととよあきつしま》（畿内一帯）と広がっており、古事記編纂の時代の世界観がうかがえます。

イザナミが祀られている「花の窟《いわや》神社」

国生みを終えるとイザナキとイザナミは次に「神生み」を開始し、海の神オオワタツミノカミや山の神オオヤマツミノカミなどを次々に誕生させますが、イザナミは火の神であるカグッチを生んだために火傷で亡くなり、黄泉の国（根の国、死者の国）に去ってしまいます。この黄泉国と地上との境は東出雲町の黄泉比良坂《よもつひらさか》にあるとも伝えられています。

『日本書紀』の記述では、イザナミは熊野の花窟《はなのいわや》神社が葬地とされています。花の窟神社は社殿がなく、高さ約45ｍの窟がご神体であり、熊野三山や伊勢神宮成立前の太古の自然崇拝を漂わせています。花の窟の謂《いわ》れは、季節の花々で神をお祀りし、古くから「花祭り」という珍しい祭礼を行っていたことに由来します。

またこの地で行われている「お綱かけ神事」は、イザナミが生んだ自然神（風・海・木・草・火・土・水）を表す７本の綱をまとめた１７０ｍの大綱を、イザナミのご神体である岩と境内の南側にある神木の間に渡す行事です。そして磐座の前には３つの旗縄や扇などをぶら下げますが、この３つの旗縄はイザナキが生んだ三貴神の天照大神、月読尊、素戔鳴尊をそれぞれ表しています。

すなわち、神話では国土の始まりは男女の交わりとして語られ、これをモチーフとして神々が生まれて、さらに天皇の恋物語にストーリーが発展していくのです。

【国生み神話に登場する淡路の絵島（オノコロ島）】

第4章　日本の伝統文化を訪ねる〔日本遺産の旅〕

1 リアル忍者の生き様を探る旅 「忍びの里」伊賀・甲賀

日本遺産に認定された「忍びの里」伊賀・甲賀

平成29年、私の生まれ故郷の伊賀市が甲賀市と共に申請した「忍びの里 伊賀・甲賀―リアル忍者を求めて」というストーリーが日本遺産に認定されました。膳所藩士、寒川辰清の『近江輿地志略』には、「伊賀甲賀と号し忍者という」と記されており、忍者と言えば伊賀と甲賀が代表ですが、「伊賀忍者」は現在の三重県伊賀市と名張市に拠点があった忍者の流派で「甲賀忍者」は現在の滋賀県甲賀《こうか》市と湖南市に拠点があった忍者の流派です。

そして、私は名張市に点在した東大寺の荘園や杣《そま》を拠点とした、伊賀流忍者のルーツとも言われている「黒田荘の悪党」の血を引いていますので、今回の日本遺産ストーリーの「リアル忍者を求めて」というタイトルが気にいっています。なぜなら、私の祖先は東大寺に反抗し、「悪党」（強者の意）と呼ばれるも、お互いに連携し、地域の平和を守り抜いた強者「リアル忍者」だったからです。

今日、「忍者（Ninja）」はメディアを通じて世界中の人々に知られていますが、その本当の姿はあまり知られていません。

しかし、17世紀にはイエズス会編纂の『日葡《にっぽ》辞書』にXinobi《しのび》の記載があり、「戦争の際、状況を探るために、夜またはこっそりと隠れて城内によじ登ったり、陣営内に入ったりする間諜」として紹介されています。

伊賀上野城（平楽寺跡）と忍町

そこで、私は伊賀衆の軍議が行われた伊賀上野城（平楽寺跡）や伊賀者の屋敷のあった忍町《しのびちょう》の赤井家住宅付近を散策しながら、私なりになぜこの地に忍者が生まれたかを考察し、その忍者の真の姿に迫ってみました。上野城は筒井時代には大坂城を守る出城としての機能を持った城であったのに対して、藤堂時代は大坂城を攻めるための城というまったく正反対の立場をとった城で、城内には藤堂高虎の高さ約30ｍの石垣が残っています。

今日の上野公園内天守台にある三層三階の天守閣は、昭和初期に地元の名士、川崎克氏が私財を投じて再建した純木造の模擬天守です。「攻防作戦の城は亡ぶる時あるも、産業の城は人類生活のあらん限り不滅である」との理念から、上野城は「伊賀文化産業城」と命名されました。

平楽寺は現在の上野公園にあった寺院で、城の機能も兼ね備え、織田信長の侵攻時には伊賀衆が結集して軍議が行われた場で、今も多くの五輪塔や石仏が残っています。また、忍町は伊賀上野城の城下町である三筋町南一帯に広がる武家屋敷地で、江戸時代には藤堂藩の伊賀者屋敷があり、三重県指定の文化財でもある武家屋敷「赤井家住宅」は中之立町通りの西側に位置しています。

赤井氏は丹波国黒井（現在の兵庫県丹波市）の城主でしたが、落ちぶれて京都に蟄居していた際、藤堂高虎に千石の禄高で召し抱えられて足軽大将に任じられ、この地に居を構えました。寛永年間

（1624〜1644）の上野城下町絵図によると、丸之内の西にある鉄砲場に赤井悪右衛門、明治初期の絵図では現在と同じ忍町に肝煎目付役赤井餘三郎の名前が記されていいます。

なぜ伊賀と甲賀に忍者や忍術が生まれたか

なぜこの地に忍者が生まれたかと言えば、まず、都のあった京都・奈良に近く、軍事的要衝であったことが挙げられます。次に特有の地理的環境で、この伊賀・甲賀の地域はどこも同じような里山風景が続き、ナビがない時代には道に迷い、方向感覚を失うことが度々でした。しかし、旧東海道をはじめとする数多くの街道が京都や奈良、伊勢方面に続いており、情報が入りやすい地でもありました。

そして、300万年前の古琵琶湖層という複雑な地形から、守りやすく、攻め難かったため、大きな権力が生まれませんでした。そこで小領主が地侍として「伊賀惣国一揆」、「甲賀郡中惣」といった自治組織をつくり、地侍どうしが結束して「掟」を作成して、諸事談合して物事を決定していました。

さらに、突出した権力がなかったので、特別に大きな城はなく、甲賀の和田城館群のように同じ大きさ、同じ形の城館が数多く建てられました。この丘陵に囲まれた小領主の城館は、主に15世紀から16世紀に築城され、50m四方の土塁と堀で囲まれた方形単郭で、その数は伊賀、甲賀地域だけでも800か所にものぼります。

また、この地に忍術が発生した理由としては、良材を産する東大寺の杣《そま》山や、飯道山・岩尾山・庚申山といった宗教的な霊山があり、さらに甲賀では天台密教の拠点であったことも影響し、薬学や卜占に通じた山伏がこれらの山々の行場で修練を積んで忍術が生まれたと考えられます。

ちなみに上野西日南町にある松本院は、忍者のイメージの1つとなった修験道の寺院として建立され、藤堂高虎が眼病を患った際、病気平癒の祈祷を命じたのは、この松本院の前身である地福院です。

松尾芭蕉の忍者説と伊賀流忍者

この松本院の近くには松尾芭蕉が少年時代に仕えた藤堂新七郎家の良忠（蝉吟）が眠る山渓禅寺もあります。

この藤堂良忠（蝉吟）の影響で芭蕉は俳諧の世界に入ったのですが、芭蕉が忍者であったという説は、やはり芭蕉の母の出自からくるものです。上野城の城代であった藤堂采女《うねめ》が家臣の川口竹人に命じて調査させた松尾芭蕉の公式の伝記『蕉翁全伝』によれば、芭蕉の母は伊予国宇和島に生まれ、伊賀国名張に来て、柘植の松尾家に嫁いだ百地家の娘であると伝えているのです。

すなわち、徳川家康の依頼で宇和島城の受け取りに出向いた藤堂良勝（藤堂高虎の従兄弟で初代新七郎家当主）が、一年余り単身で赴任していた伊予国宇和島城で夜伽《よとぎ》にあがった女がいて、そこで生まれた子が芭蕉の母であり、百地家の娘と言われているのです。

この百地家は私の祖先「黒田荘の悪党」を含む「伊賀惣国一揆」を指導し、織田信長に抵抗した百地丹波を輩出したことで知られています。

伊賀忍者の「上忍三家」と忍術秘伝書『萬川集海《ばんせんしゅうかい》』

伊賀忍者は共同体によって運営されており、意思決定はこの芭蕉の母の百地家、服部家、藤林家の「上忍三家」の意向が大きく反映されていました。服部家は百地丹波（一説に百地三太夫と同一視）と並んで有名な服部半蔵を輩出した家系で、本能寺の変の後、堺にいた徳川家康はこの服部半蔵に守られて三河国《みかわのくに》に戻ったのです。

そして、この功績により、伊賀忍者は徳川家に仕えていくことになりますが、柘植にある徳永寺（柘植善光寺）には「神君伊賀越え」の際に徳川家康が立ち寄ったとの伝承が残り、そのお礼として寺領が寄進され、葵紋の使用も許されました。

藤林家は忍術秘伝書『萬川集海《ばんせんしゅうかい》』を著した藤林左武次保武《ふじばやしさむじやすたけ》や火術を得意とした藤林長門守《ふじばやしながとのかみ》を輩出しました。『萬川集海』は「万の川を集めて海にする」という意味から、伊賀・甲賀の忍術諸流派を集大成した秘伝書で、忍者の心構えや天文学、火薬を使った武器などが詳しく紹介されています。

すなわち、忍術の使い方の精神を説いた「正心」、どのような忍者を使えばよいかといった大将の知恵「将知」、姿を現して忍術を使う「陽忍」、そして一般的な忍者のイメージである影で忍術を使う「陰忍」、これらに「天時」と「忍器」が加わって「忍術」が完成し、「忍道」となったと記されています。

藤林長門守と手力神社

藤林長門守は武田信玄の軍師であった山本勘助に忍術を教えたことで知られ、氏子として伊賀市東湯舟の手力神社に火筒や狼煙を奉納していますが、この手力神社は「湯船の手力さん」の愛称で崇敬され、手や力の神様、延壽の神様として霊験あらたかな神社です。

また、火術、火筒、狼煙《のろし》を得意とした藤林長門守一族の火薬の技術は、今日でも地域に継承されており、狼煙は奉納煙火（花火）と結びついて、毎年10月17日の秋季大祭では約２５０発の奉納花火が夜空をかざります。

境内には神明造りの本殿、神楽殿、参籠舎と二頭の狛犬、大鳥居が整然と建ち並び、拝殿の中央には祈りの鐘の緒が下がっています。この鐘の緒は、これまでの奉納者の願いが重なり、周囲４m、高さ３m、重さ２tと言われる大変めずらしいもので、お参りするとご祭神である「天手力雄命《あめのたぢからおのみこと》」の健勝、心願成就のご神徳が得られます。

なお、この伊賀忍者の藤林一族の墓所は菩提寺の正覚寺にあり、中央の「本覚深誓信士」と刻まれた墓碑が初代・藤林長門守の墓石と言われています。伊賀忍者の得意技の１つとして、敵に追われているときなどに火薬玉を使って自身の姿を隠す火遁の術があげられますが、これはまさしく藤林長門守の発明だと考えられます。

【伊賀上忍の藤林長門守が花火を奉納した手力神社】

甲賀《こうか》忍者と「郡中惣」

総じて、伊賀忍者は依頼があれば複数の大名に仕えましたが、依頼主と金銭以上の関係になることはなく、傭兵に似た立ち位置でした。伊賀忍者と甲賀忍者の違いを一言で言えば、甲賀忍者は１人の主君に仕えたのに対して、伊賀忍者は複数の依頼人を相手にしていた点です。

すなわち甲賀忍者は依頼主を特定の家にしぼり、特定の主君に仕えていたのです。しかし、特定の主君と運命を共にすることはなく、もともと仕えていた佐々木六角氏が没落すると、織田氏、豊臣氏、徳川氏の順番で主君を変えていきました。

甲賀忍者は「惣《そう》」と呼ばれる共同体をつくり、そこに参加する人の立場は対等で、意思決定を行うときも、「郡中惣」と呼ばれる合議制により意思決定を行っていました。その甲賀郡中惣遺跡群の中には、甲賀忍者が崇敬した油日大明神を祀り、軍神と崇めた聖徳太子の化身を表した「摩利支天」の懸仏などが伝わる油日《あぶらひ》神社、甲賀衆の活動の中心であった新宮神社などがあります。

甲賀53家の１つで甲賀流忍術の中心であった大原氏の氏神は大鳥神社で、毎年「大原祇園」で賑わい、今日においても各地の大原氏が神前に集まる大原同苗講が行われています。なお、伊賀忍者は火薬でしたが、甲賀忍者は医療や薬に精通しており、普段の生活ではお守りや薬を売り歩くことで諜報活動を行っていました。

この売薬業は飯道山の山伏が諸国に配札に訪れた際の土産が起源とされ、「甲賀市くすり学習館」には「飢《き》渇丸《かつがん》」や「兵糧丸」、薬草に関する資料などが展示されています。

ちなみに、甲賀忍者が得意だったのは毒薬を使った術と、手妻《てつま》であったと言われていますが、手妻とは、手品のようにすばやく手を動かして人心をまどわす術です。

リアル忍者とは「刃《やいば》の心」を持つ精神的強者

一般的に伊賀忍者と甲賀忍者は対立関係にあったと考えている人が多いようですが、これは甲賀忍者が秀吉に仕えていた時代、家康を監視する任務を与えられていたため、家康配下の伊賀忍者と敵対したからです。秀吉が亡くなってからは、伊賀と甲賀は基本的には友好な関係を保ったようですが、甲賀衆は天正13年、秀吉によって改易処分となっています。

その影響もあって、甲賀忍者は江戸時代になると不遇な扱いを受けるようになり、武士身分を獲得する嘆願を行ったりしましたが、認められることはありませんでした。そのため、幕末になると新政府軍に加わり、戊辰戦争における庄内藩との戦いなどで戦果をあげています。このように、忍者は「時代の流れ」を読んで生き抜いたしぶとい集団でした。

「忍」の字は「刃」の下に「心」を置き、いつ何時でも動じない強い心を表しており、リアル忍者とは「生きる力に長《た》けている人、あるいは、生き延びるために鍛錬した人」のことです。

実際、令和2年2月22日の「忍者の日」の御朱印には「刃」の下に「不動心」と書かれていました。現代は交通や通信手段が発達し便利になった分だけ、人間の能力は低下している気がします。そこで私は逆境に耐え忍び、どんなときでも生き抜こうとした忍者の生き様を見習いたいと思いました。

2　日が沈む聖地　『古事記』神話の舞台と出雲大社巡り

神が創り出した地の夕日

島根県弁の方言で夕方は「ばんげ」と言うことから、出雲地方には「こんにちは」と「こんばんは」の間に「ばんじまして」という挨拶があります。標準語に直すと「夕方ですね！」となるのでしょうか。他の地域ではあまり耳にしない「ばんじまして」という挨拶から、出雲では太陽の沈む時間である夕刻には格別な想いがあるようで、島根半島西端の海岸線に沈む夕陽はとても美しい景観です。

特に出雲神話の舞台となった「稲佐の浜」や「日御碕《ひのみさき》」から鑑賞する夕日は絶景で、平成29年には「日が沈む聖地出雲～神が創り出した地の夕日を巡る～」というストーリーは日本遺産に認定されました。

私は出雲大社や万九千神社、八重垣神社、神魂神社、須我神社などの古事記ゆかりの地をしばしば巡りますが、やはり日御碕神社と稲佐の浜から鑑賞する夕日は印象に残っています。

出雲大社（天日隅宮）と日御碕神社

稲佐の浜は、『古事記』の「国譲り神話」や『出雲国風土記』の「国引き神話」の舞台となった浜です。

浜辺の奥に大国主大神《オオクニヌシ》と武甕槌神《タケミカヅチ》が国譲りの交渉をしたとされる屏風岩があり、海岸の南には国引きの際、島を結ぶ綱となった長浜海岸（薗の長浜）が続いています。

また、この稲佐の浜では旧暦の10月10日、日没を待って、全国から参集される八百万の神々をお迎えする「神迎え神事」が執り行われおり、太古から変わらない日の入りへの思いが今日まで連綿と受け継がれています。

大国主大神はこの浜で屏風岩を背にして自身の霊が住むための宮を築くことを条件に国譲りを承諾されましたが、日本人の「和を以て貴しとなす」の精神の原点はここにあるような気がします。その大国主大神が祀られた出雲大社は、この稲佐の浜から東へ1㎞ほど離れたところにあり、『日本書紀』では「天日隅宮《あめのひすみのみや》」と記されていることから、夕日に因んだ社であったことがわかります。

日御碕《ひのみさき》神社では毎年8月7日に、神職によって夕日を背景にした「神幸神事《みゆき》」が執り行われています。日御碕神社には須佐之男命《スサノオノミコト》祀る神の宮と天照大神《アマテラスオオミカミ》を祭神とする日沉宮《ひしずみのみや》があります。

しかし、太陽神の天照大神はこの出雲では日の出の太陽ではなく、日の入りの夕陽に象徴され、江戸時代には日沉宮《ひしずみのみや》は日が沈む聖地の宮と称されていました。また、南東の高台には月読命《ツクヨミノミコト》を祀る月読社《つきよみしゃ》もあり、須佐之男命を含めて三貴神がこの出雲に沈む夕日を見守っているのです。

「日が沈む海の彼方の異界につながる地」出雲

古くから「日」に縁がある岬として知られていたこの地には、日御碕灯台が建っており、今日で

【日御碕神社から望む夕陽】

は白亜の灯台越しに沈む夕日が、打ち寄せる波頭や海に浮かぶ岩礁を赤く染め、まさに絵画に描かれたような絶景の夕日を観賞することができます。

古来、都のあった大和から見ると、出雲は太陽の沈む北西にあり、このことから出雲は「日が沈む海の彼方の異界につながる地」として認識されたと考えられます。そのため、『古事記』や『日本書紀』では、出雲が「黄泉国《よみのくに》」と「地上世界」をつなぐ地として描かれており、東出雲町揖屋にある黄泉比良坂《よもつひらさか》は現世と黄泉の国を繋ぐ道として知られています。

日本の最西端である長崎県五島列島の福江島の三井楽は、「亡き人に会える島」、「此岸と彼岸の交わる場所」とされ、その三井楽の海岸に沈む黄金色の夕日も印象に残っていますが、出雲の夕日は日が沈む聖地として認識されていることから、また格別の感動が味わえます。

この令和の時代になって「稲佐の浜」や「日御碕《ひのみさき》」から海に沈む夕日に祈り、古事記神話にちなんだ出雲大社（天日隅宮）や日御碕神社（日沉宮）などの神社や主要な神々の登場地を巡ると、聖地としての出雲が体感できる気がします。

「日が沈む聖地出雲」という日本遺産のストーリーを知れば、私も日本人である以上、夕日を神聖視して畏敬の念を抱き、有難い日の出に感謝する気持ちが大切だと思いました。

出雲で鑑賞する海に沈む美しい夕日は、まさに日が沈む聖地の祈りの歴史を語り継いでいるのです。

3 「信州の鎌倉」塩田平の「レイライン」と別所温泉の旅

「レイライン」がつなぐ太陽と大地の聖地

信濃の古社、生島足島神社から信州最古の温泉とされる別所温泉にかけては、塩田平の前山寺、中禅寺などの古社寺が、ほぼ一本の直線上（レイライン）に並んでいます。そしてこの地は古来「聖地」として、多くの神社仏閣が建てられており、「信州の鎌倉」と呼ばれていましたが、２０２０年、文化庁より「レイラインがつなぐ『太陽と大地の聖地』～龍と生きるまち　信州上田・塩田平～」というストーリーで日本遺産に認定されました。

大日如来を安置する「信濃国分寺」（＝太陽）、国土を御神体とする「生島足島神社」（＝大地）、夫神岳《おがみだけ》のふもとにある信州最古の温泉といわれる塩田平の「別所温泉」（＝聖地）が、一本の直線状に配置され、レイラインをつないでいるというストーリーです。

認定されたストーリーは「信州の学海」「神宿る『山』への祈り」「祈りの言葉は『アメ　フラセタンマイナ』」「未来への懸け橋」の４節からなり、構成文化財は信濃国分寺跡、生島足島神社本殿、泥宮、前山寺三重塔、中禅寺薬師堂など市内の35件となっています。

【レイラインの発着点「信濃国分寺」】

「信州の鎌倉」と「レイライン」

レイラインと言えば、千葉県の玉前《たまさき》神社から竹生島、元伊勢を経由して出雲大社に至る「太陽の道」が有名ですが、レイラインとは、本来、古代遺跡などが直線的に並ぶように建造されているという仮説の上で、遺跡群が描く直線のことです。

私はイギリスの古代文化に関心があって、ストーンヘンジや古代ブリトン人の遺跡を訪ねましたが、現地ではレイとは「妖精の鎖」を意味しています。イギリスが深い森に覆われていた古代においては、村と村とはこの直線状の道《レイ》が織り成すネットワークによって繋がっており、巨石や小高い丘は案内板の役目を果たしていたと言うのです。

「信州の鎌倉」の旅は、上田市国分の信濃国分寺と上田市下之郷の生島足島神社を通る直線（東西を結ぶラインに対して約30度北側に傾いたライン）が、聖地の配列「レイライン」の基軸とされていることから、信濃国分寺参拝から始めます。この旅では、見つけてもらうのを待っている秘められた祈りの世界など、小さな感動がたくさんあります。

信濃国分寺と信濃の古社「生島足島神社」

信濃国分寺は天台宗の寺院で、国分寺の本尊の多くが釈迦如来であるのに対して、信濃国分寺の本尊は薬師如来で、1月8日の縁日にちなんだ「八日堂のお薬師さん」の名で知られています。

しかし、室町時代に建立されたと推定される「和様」の三重塔の第一層には大日如来が安置されており、別所温泉の安楽寺八角三重塔の大日如来とともにレイラインの発着点を示しているようです。

境内には芭蕉句碑「春もや々　けしきと々のふ　月と梅」も建っており、また関ケ原の戦いに臨む徳川秀忠の使者と真田昌幸が会見したのもこの国分寺境内であり、和平を結んだと思わせ、油断した秀忠を破ったことでも知られています。

信濃の古社、生島足島《いくしまたるしま》神社では、生きとし生きるもの万物に生命力を与える神「生島大神」と生きとし生けるもの万物を満ち足らしめる神「足島大神」の二柱が祀られています。境内には、池に囲まれた神島に本社（上宮）が正面を北側に向けて建ち、それに向かい合うように諏訪神社（下宮）が建っています。神島にかかる橋は2つありますが、参拝するには左手にかかる石橋の参橋を渡っていきます。もう1つの朱色の橋は、「御神橋」といってこちらは神様の通る橋で、下宮の諏訪神が上宮に遷座するときのみ開かれるそうです。

真田信之が寄進したと伝わる諏訪神社の横には歌舞伎舞台があり、この中には、川中島での決戦を前に武田信玄が必勝を祈った「願文」や真田昌幸・信幸父子の「朱印状」など、数多くの文書が展示されており、歴史好きの私には興味深い場所でもあります。

生島足島神社の次は、その旧跡とされる泥宮（泥をご神体とする宮）を参拝します。泥宮は字のごとく、「泥（大地）」をご神体とし、生島足島神社が創建された際、精霊はここに残されたとされ、かつては生島足島神社の西鳥居と真っ直ぐな道で繋がっていました。

信州の鎌倉にふさわしい塩田平「あじさい小道」

独鈷山《とっこざん》は山頂に奇岩怪石が多く、妙義山に似ているため「信州の妙義山」と呼ばれています。周辺は塩田平の水源地として古代より信仰の対象となり、独鈷山を信仰の起源とするのは前山寺だけでなく、中禅寺や塩野神社も同様で信仰の深さと広がりを感じます。塩田平は年間降水量が１０００㎜に満たない乾燥地で、水源地の源である独鈷山信仰は自然のなりゆきだったと思われます。

前山寺から塩田平を代表する名刹・中禅寺までは、塩田城跡や塩野池などを通る約１㎞の「あじさい小道」を歩きますが、この道はかつて鎌倉街道と呼ばれ、歴史と自然を同時に楽しめる「信州の鎌倉」と呼ぶにふさわしい場所です。

独鈷山麓の前山寺「未完成の完成の塔」と中禅寺「薬師堂」

前山寺《ざんさんじ》は独鈷山麓にあり、本尊は大日如来で、空海が護摩修行の霊場として開創した古刹です。有名な三重塔は、柿葺《こけらぶき》の立派な屋根はありますが、窓も扉もなく、また廻廊もないことから「未完成の完成の塔」と言われています。しかし、中央に須弥壇《しゅみだん》が置かれ、室町時代の和様・唐様の折衷様式で、雪化粧した姿からは自然と調和して完成した塔のようにも感じます。

近くの中禅寺も、空海が雨乞い祈祷のため、独鈷山山頂付近に草庵（護摩壇）を結んだのが始まりとされ、伝承では空海が独鈷杵《とっこしょ》を埋めたことから独鈷山と呼ばれるようになったとも言われています。鎌倉時代に入ると中禅寺は、源頼朝や塩田地方で影響力のあった塩田北条氏の帰依により寺運が隆盛し、鎌倉時代初期に建てられた「薬師堂」は、中尊寺金色堂に類似する中部日本最古の御堂建築です。

「信州の学海」と北向観音堂

また、この塩田平周辺には前山寺の他に安楽寺や北向観音などの社寺が点在し、鎌倉時代に中国の高僧や多くの学僧が訪れたことから「信州の学海」とも呼ばれていますが、それは背後に豊かな湯で心まで洗われる別所温泉があったからだと思われます。

多くの僧が学んだ「信州の学海」の代表は、慈覚大師が開創したと伝わる天台宗別格本山の常楽寺で、北向観音をお護りする本坊です。寄棟造、茅葺の本堂裏には石造の多宝塔があり、北向観世音の出現された場所で、聖域とされています。本尊は大日如来の5つの智慧を表す五智如来の一尊で「妙観察智弥陀如来」と呼べれる宝冠をいただいた珍しい阿弥陀如来像です。

北向観音堂は平安時代に慈覚大師円仁が開いた霊場で、善光寺と向かい合うように本堂が北を向いており、善光寺で「極楽往生」を願い、北向観音堂で「現世利益」を祈る両参りから、ご利益が得られると言われています。

「レイライン」の観点から古代遺跡を考える

安楽寺は信州最古の禅寺で、境内の奥には日本唯一の木造八角三重塔がそびえ、長野県では最初の国宝に指定されました。禅宗寺院であるにも関わらず、信濃国分寺と同様に第一層内部には大日如来像が安置されており、太陽信仰（レイライン）との関連を連想させてくれます。

レイラインという観点から古代遺跡を見るようになったのは、日本では数年前からですが、このレイラインという視点から古い神社仏閣を調べてみると、一見地味な信州上田・塩田平の古刹も海外の有名な遺跡にひけをとりません。

特に前山塩野神社のような木々に囲まれた静かで神秘的な雰囲気は、日本人だけでなく、海外から訪れた人々をもやさしく包み込むような包容力の深さを感じさせてくれます。そして日本人がなぜ由緒ある神社仏閣に魅かれるのかがわかるような気がします。

また神社仏閣のような「文化財」を通じて日本遺産のストーリーを知ることは、「ふるさと」を愛する心につながります。郷土愛を持って古代遺跡を訪ね、佇む自然を五感で楽しみ、自分だけの感動を見つめましょう。

4　日本一危ない国宝鑑賞と世界屈指のラドン泉「三朝温泉」

日本遺産のパワースポットを巡る「健康五浴」の旅

鳥取県東伯郡三朝町の「三徳山・三朝温泉」は、平成27年に「六根清浄と六感治癒の地～日本一危ない国宝鑑賞と世界屈指のラドン泉～」として、文化庁の日本遺産第一号に選ばれました。物質的には豊かになった今日ですが、精神的に病んで空虚さを味わう人が増えつつあります。よって、最近ではその空虚さを埋めるとともに元気をいただく神社仏閣などの「パワースポット」を巡る旅が注目されています。

実際、旅に出る目的の1つに気分転換や療養があり、旅は元気回復だけでなく、心身の健康にも効果的で、私はかねてより旅の「健康五浴」を提唱しています。それは「観たい」、「食べたい」等の欲望の〝欲〟ではなく、次の5つの〝浴〟です。

①日光浴　新陳代謝を促進する太陽光線を浴びる
②森林浴　新鮮な酸素と森のフィトンを吸収してリラクゼーションを得る
③温泉浴　地球のエネルギーを体内に吸収する日本人好みの温泉療養
④海水浴（潮風浴）　人の体液に近い海水や潮風から塩分を吸収する
⑤イオン浴　滝やせせらぎの水しぶきから出るマイナスイオンを浴びる

このような5つの「浴」は昔の旅では意識せずとも行われていました。しかし、近年の旅行では日帰りバス旅行が主流となり、のんびりゆったりの旅が少なくなってきています。

そこで、たまには「一夜《ひとよ》泊まりが二朝《ふたあさ》・三朝《みあさ》」と唄われている、鳥取県の三朝温泉「六根清浄・六感治癒の地」で、温泉浴と森林浴を中心とした「日本遺産を巡る健康五浴の旅」はいかがでしょうか。

時間がゆるやかに流れる大地の上で、土地の風土や文化が滞在時間を豊かにしてくれます。

三徳山の「蓮の花びら伝説」

三徳山は大山隠岐国立公園の一部で、歴史的建造物だけではなく、照葉樹から落葉広葉樹まで自然林が連続して垂直に分布しており、大変希少性が高い山です。三徳山は美徳山とも書かれ、「大山、船上山、美徳山」を伯耆三嶺と呼び、霊山として認識されてきました。また、「三徳」とは３つの徳目（天徳・地徳・人徳）も意味しており、これは仏教における仏に備わる三徳（法身・般若・解脱）を根本の美徳として修養する考えに基づいています。

三徳山三佛寺の米田住職は、「本来は１５００ｍ～２０００ｍの場所にしか生育しない植物が標高約９００ｍの三徳山には見られ、この山には霊が宿っているからなのではないか」と、「蓮の花びら伝説」を引き合いに出してコメントされています。

「蓮の花びら伝説」とは、今から１３００年ほど前、「修験道」を始めた大和国の役小角《えんのおづぬ》が蓮の花びらを３枚手にとり、「この花びらを、神仏にゆかりのあるところへ落としてください」と空へ投げたところ、１枚は伊予の国の石槌山へ、１枚は大和の国の吉野山へ、残る１枚は伯耆の国の三徳山へ舞い降り、役小角はこの地を修験道の行場として開いたと言われています。

「修験道」とは、日本古来の「山には神が住む」という山岳信仰が仏教などの影響を受けたもので、山で厳しい修行を積み、神秘的な力を身につけようとする日本独自の宗教です。

日本一危ない国宝　三徳山三佛寺「投入堂」

有名な日本一危ない国宝の「投入堂」で知られる三徳山三佛寺は平安時代の創建とされ、山中の断崖絶壁に蔵王権現を本尊に祀られた奥院として建立されました。「投入堂」は切り立った崖にまるで宙に浮いたように建てられており、今日でもその建築方法については明確になっていない不思議なお堂です。神秘の術を自在に操った役小角が、山の麓にあったお堂を小さくして、崖に投げ入れて造ったという言い伝えから、「投入堂」と命名されました。

国宝に指定されている「投入堂」に至る道程は、行者道と呼ばれる修行の場であり、鎖につかまって命がけで岩山を上るので、「日本一危ない国宝鑑賞」とも呼ばれていますが、その道沿いには国重要文化財「文珠堂」や「地蔵堂」などの貴重な仏教建築も点在しています。

三徳山三佛寺での修験道と参拝時の注意事項

正確な寺伝によれば、706（慶雲3）年、役行者が神窟を開いて小守・勝手・蔵王の三権現を祀ったことに始まり、849（嘉祥2）年、天台宗の慈覚大師円仁が釈迦如来・阿弥陀如来・大日如来の三仏を安置して浄土院美徳山三佛寺と号し、修験道の中心地となったのです。

三徳山での修業は、急な山道をよじ登ったり、切り立った崖の縁を歩いたりする危険なものでしたが、修験道ではこのような荒々しい自然の中で修行を積むことで、心の穢れが消え、特別な力を身に付けると信じられていました。そのため、今日、私たちが三佛寺投入堂に参拝する際には、修

【日本一危ない国宝 三徳山三佛寺「投入堂」】

験者になったつもりで、服装や履物もさることながら、心して登る必要があります。

履物に関しては入山口でチェックを受け、不適切と言われた場合は「藁草履を買って登ってください」と言われます。実際に参道はまさしく修験者の道ですが、一歩一歩、足場を確認しながら進めば、投入れ堂の見える遙拝所まで行くことができ、達成感を味わうことができます。ただし、写真撮影の際には足元には十分な注意が必要です。

「六根」を清め「六感」を癒す

ちなみに10月最後の日曜日に行われる三佛寺『炎の祭典』での火渡り神事は、六根清浄の「意」にあたり、投入堂参拝が叶わぬ信者でも、火の上を素足て歩くことで「祈りが届く」とされています。

この「六根」とは、6種類の情報をキャッチする6器官の眼・耳・鼻・舌・身の五感と意のことで、物を見る「目」、音を聴く「耳」、においをかぐ「鼻」、物を味わう「舌」、温度や痛みを感じる「身（体）」そして感動する「意（心）」です。神聖な三徳山では、山の景色、寺院の鐘の音、お香や花の香り、精進料理、山を歩く行為、お堂でのお参りなどによって悪い心が清められ（六根清浄）、神仏の境地に近づくと考えられたのです。

そして、三朝温泉では、湯治により「六感（観・聴・香・味・触・心）」を癒すのです。「六感」は「六根」と対になっており、三朝温泉の湯煙の立つ温泉街の景色、水の音、湯の香り、山菜など地元の名物、温泉がもたらす心の安らぎ、こうした喜びは、人生を豊かにしてくれます。三徳山で「六根」

を清め、三朝温泉で「六感」を癒すという考え方は、縄文時代から自然と一体となって生きてきた日本人独自の自然観によるものです。

三徳山の修行拠点、三朝温泉の「白狼伝説」

三徳山の修行には、始める前に三朝温泉で心と体を清めるという作法がありましたが、その修行拠点の三朝温泉には白狼により示されたとの不思議な言い伝えが残っています。

その「白狼伝説」によると平安時代末、源義朝の家来であった大久保左馬之祐《さまのすけ》が、三徳山に参る道中、楠の根元で年老いた白い狼を見つけ、「お参りの道中に殺生はいけない」と見逃してやったところ、妙見菩薩が夢枕に立ち、白狼を助けたお礼に、「かの根株の下からは湯が湧き出ている。その湯で人々の病苦を救うように」と源泉のありかを告げたといいます。

こうして「万病を癒やす湯」として「株湯《かぶゆ》」が伝わり、三朝温泉が始まったので、９００年を経た今でも修行のための清めの湯、仏様が与えてくれた癒しの湯として信仰を集めています。しかし、今でこそ三朝温泉は三徳川の川沿いに温泉旅館が建ち並んでいますが、昔は河原の露天風呂に入浴していたようです。

世界屈指のラドン泉「三朝温泉」

そして注目したいのは、高濃度のラドンを大量に含む含放射能泉でありながら加温していない温泉である点です。ラドンとはラジウムが崩壊して生じる放射線で、身体はこの放射線を受けると毛細血管が拡張し、新陳代謝が促進されて、免疫力や自然治癒力が高まると言われています。

三朝温泉のラジウム泉は、この放射線ホルミシス効果と呼ばれる効果が顕著であり、近年、そのメカニズムも解明されつつあります。通常の含放射能泉は、鉱泉といわれる冷泉を加熱しますが、加熱することによって放射能は空気中に拡散してしまうので、加熱していない三朝温泉の源泉は実に貴重な含放射能泉です。

また、三朝温泉では毎年5月5日の節句の前夜に行われる「陣所《じんしょ》」と呼ばれる行事があります。陣所とは「大綱引き」のことで、藤カズラをより合わせて巨大な雌綱と雄綱をつくり、両綱を結合させ、東西に分かれて引き合う勇壮な伝統行事で「東が勝てば豊作、西が勝てば商売繁盛」といわれています。花湯まつりのメインであり、綱はそれぞれ80m、胴回り最大2m、重さ2tの巨大なものです。五月節供の綱引き行事は、鳥取県や兵庫県などの日本海沿岸地域に幾つもありますが、藤カズラのみを材料とする大綱の形態は他地域には見られず、三朝温泉独自のものです。

精進と浄化の時間を感じる日本遺産の旅

文化庁の「日本遺産」ストーリーにもありますが、三朝温泉と三徳山はセットとして考える必要があります。すなわち、三徳山参拝で『六根』を清め、三朝温泉に浸かって『六感』を癒すという一連の作法こそが、人と自然の融合を重視する日本人独自の自然観を示しているのです。

三徳山とラドン温泉のダブルパワーで心静かにゆっくりできるだけでなく、宿において庭の緑を眺めながら、三徳山の水と地元の素材を使った精進料理と三徳豆腐料理は絶品です。現代の忙しい日常から、少しずつ心が解放されていくような気分を味わうことができ、これこそが、精進であり浄化の時間だと感じる日本遺産です。

温泉の多い日本では、温泉を楽しんだり、病気を治すために温泉を利用する文化が昔からありました。日本遺産に関わる温泉には、他に熊本県の人吉温泉や大分県の赤根温泉、真玉湯原の温泉などがありますが、いずれも湯治場《とうじば》として歴史が古く、昔から修行者が立ち寄り、疲れを癒したと言われています。

しかし、日本でいつごろから温泉が利用されてきたのかは、よくわかっていません。

全国には「鶴の湯」など、動物の名前のついた温泉が数多くありますが、動物が湯で傷を癒しているのを見て、人々は温泉の場所や効能を発見したと考えられます。そして温泉は、三徳山での修業者が利用した三朝温泉のように、主に修行僧が身を清め、癒す湯治文化として発達しました。

一般の人々にも温泉に入る習慣が広まったのは、江戸時代になってからで、温泉宿に泊まり、自炊しながら体を癒すという湯治の旅が人気を呼びました。

なぜなら江戸時代には、武士や庶民はまだ自由な旅はままならず、移動は制限されていましたが、社寺を巡る旅や病気を癒すための旅は許されていたのです。そこで人々は、神社やお寺の参詣、治療のための温泉利用という理由で、観光名所を巡る旅に出かけました。

温泉の種類と効能

日本は世界的に見てもとても火山が多い国で、その影響もあり、世界屈指の温泉国です。温泉とは、お湯となった地下水が地中から湧き出ることや、湧き出ている場所のことをいいますが、大きく分けると火山性温泉と火火山性温泉の2種類があります。

火山性温泉は、火山の地下にたまったマグマによって地下水があたためられた温泉で、自然と地表に湧き出てきた自噴泉と穴を掘って吹き出させた掘削泉があります。一方、地中は深くなるほど圧力や温度がたかくなるため、地下水が自然にあたためられて温泉となることがあり、これが非火火山性温泉です。

温泉のお湯には、水道水には含まれていない様々な成分が含まれていて、体にいい効果をもたらすことがわかっています。温度が低くても温泉の成分が一定量含まれていれば温泉で、飲んでも体によいとされる温泉もあります。

ただし、これらの温泉の効能は「症状が軽くなる」、「より健康になる」程度で、すぐに病気が完治するといった効果ではありません。また、入り方や温泉の質によっては体に合わない場合もあり、症状が悪くなることもあるので注意が必要です。

しかし、「浸かってよし」「飲んでよし」「吸ってよし」の「三朝温泉」は、日本国内で第1位のラドン放射能を有し、温泉に浸かるだけでなく吸うこと、飲むことでよも体の抗酸化機能が高まり、老化や生活習慣病の予防に役立つとされています。

第5章　一度は訪れたい世界遺産の旅

1　万葉時代の世界遺産　古都奈良と法隆寺

万葉歌と奈良県の世界遺産

私は世界遺産の記事を数多く書いてきましたが、海外の世界遺産を知ることも重要であるものの、日本人であれば、まずは日本の代表的世界遺産についての正しい理解が必要だと痛感しました（「世界遺産旅行講座」https://www.zakzak.co.jp/tag/series/sekaiisan-koza/）。すなわち、母国の日本を知らずしてグローバルな視点で世界は語れないので、国際理解のためには、まずは「日本のこころ」が生き長らえている奈良と飛鳥の世界遺産をご紹介します。

新しい元号「令和」が万葉集から引用されたことで、万葉集に注目が集まりました。犬養孝先生の『万葉の旅』によれば、万葉集の全4516首の中で奈良県の地名が出てくる歌が755首もあります。よって、当時の万葉歌を理解するためには、やはり都のあった奈良を訪ねるべきなのでしょう。

現在、奈良県の世界遺産には、①「紀伊山地の霊場と参詣道」、②「法隆寺地域の仏教建造物」、③「古都奈良の文化財」の3つがありますが、「飛鳥・藤原の宮都とその関連資産群」も世界遺産暫定一覧表に追加されました。

それぞれのテーマを簡潔に表せば、①は神道・修験道、②は仏教、③は神仏習合と言えます。奈良に都が置かれたのは710年で、それから1300年以上の時が流れていますが、今日の日本の社会、すなわち日本文化の基礎はやはり奈良時代の平城京に起源があると思われます。すなわち明治政府によって１８６８年に神仏分離令が出され、一時は廃仏毀釈運動も起こりましたが、現代社会は最終的には神仏習合的な奈良時代の延長線上に戻っています。

「平城京」と仏像で唯一の世界遺産「盧舎那仏」

実際に世界遺産「古都奈良の文化財」は、７１０年から74年間、日本の都「平城京」として栄えた歴史ある国宝建造物を有する、東大寺・興福寺・薬師寺・唐招提寺・元興寺（極楽坊）・春日大社の６つ寺社と奈良時代を偲ばせる特別史跡である平城宮跡、そして特別天然記念物に指定されている春日山原始林の８つの資産が登録されています。

- 東大寺　７５２年に聖武天皇が発した詔により建立された全国の国分寺の総本山で大仏（盧舎那仏）が有名です。
- 興福寺　７１０年に藤原不比等によって飛鳥から移築され、五重塔や南円堂など９棟の建造物があります。
- 薬師寺　天武天皇が皇后である持統天皇の病気平癒を祈願して建立し、東塔のみが創建時の建造物です。
- 唐招提寺　７５９年、高僧鑑真が創建した講堂が起源で、金堂、宝蔵、経蔵は国宝です。
- 春日大社　７６８年に創建され、春日造りの４つの神殿が横に並び、藤原氏の氏神として信仰されました。
・平城宮跡　710年から約70年間、日本の都が置かれた平城京の宮城跡で朱雀門や大極殿などが復元されています。
・春日山原始林　ふもとに春日大社が建てられ、841年に神域となり、1955年には特別天然記念物に指定されています。

しかし、これらは個別の価値が認められただけでなく、8資産全体で奈良時代の歴史と文化を物語っている文化遺産としても評価されました。特に春日山原始林は春日大社の神聖な杜として古くから聖域となっていいたため、841年に神域となって以来、1000年以上も人の手が加えられておらず、仏教や神道とは別に日本独自の自然崇拝に根ざした宗教観が認められます。

唐の長安をモデルに造営された平城京

平城京は元明天皇によって唐の長安をモデルに造営されており、道も碁盤目状に配され、シルクロードの終着点でもあったことから、国際的な都市でした。当時の推定人口は約10万人で、日本の政治、経済の中枢であると同時に天平文化の中心地でもありました。

奈良に点在する寺社は、天皇家や藤原氏に結びつくものが多いのですが、当時、権力を握っていた藤原不比等ゆかりの興福寺が、その天皇家の平城宮を見下ろす位置にあったことを知れば、これら構成遺産のつながりを理解することができます。

すなわち、春日大社は藤原氏の祖である中臣氏の氏神を祀っていたことから神仏習合で藤原氏の氏寺である興福寺と結びつき、この藤原勢力に対抗するために聖武天皇は行基率いる優婆塞《うばそく》（朝廷の許可を得ていない僧）と協力して春日山の麓に東大寺を建立したと推定できるのです。

当時の仏教は「大仏建立の詔」にもある通り、国家の鎮護・安寧を願った国策仏教でしたが、疫病が流行ったこともあり、鑑真を招聘した長屋王など、滅ぼされた人たちの祟りという考えも大いに影響していました。

そこで、これらの祟りを鎮める目的からも称徳天皇（聖武天皇の子）は大寺に行幸し、仏教重視の政策を進める一方で、伊勢神宮や宇佐八幡宮内に神宮寺を建立するなど神仏習合を進めたのだと考えられます。

法隆寺の五重塔の意義

一方、一般的な寺社参拝ツアーでは本堂のご本尊参拝が目的ですが、仏教を開いた釈尊の遺骨（仏舎利）は仏塔に奉安されているので、本来、仏教寺院において最も重要な建物は本堂や金堂ではなく塔なのです。日本で最初に世界文化遺産に指定された、イカルという鳥の名が由来の斑鳩《いかるが》に建つ法隆寺は、聖徳太子こと厩戸王《うまやどおう》ゆかりの寺院で、現存する世界最古の木造建築ですが、その建造物群の中でも重要なものはやはり、その西院伽藍の中心に位置する五重塔なのです。

一層目に裳階《もこし》が付随し、二層、三層と上に行くに従い、柱間が狭く、屋根も程よい比率で小さく

【世界最古の木造建築「法隆寺」と五重塔】

なっているため、相輪と一体となって全体がきれいな二等辺三角形を成し、美しさと安定感では数ある日本の五重塔の中でも一番です。

なお、この塔の初層の内陣には、仏教の経典に書かれている世界が塑像で表現されており、特に北面の「涅槃像土」は有名です。

古代人の偉大な叡智「五重塔」

この五重塔に隣接する美しい金堂には、法隆寺の本尊、すなわち「中の間」に聖徳太子のための釈迦三尊像、「東の間」に父・用明天皇のための薬師如来坐像、「西の間」には母・穴穂部間人皇后のための阿弥陀如来坐像が安置されています。

また、法隆寺北東の岡本地区に位置する法起寺の三重塔も、法隆寺とともに日本で最初に世界文化遺産に登録されたわが国最古の三重塔です。法起寺はかつて「ほっきじ」と呼んでいましたが、「法隆寺地域の仏教建造物群」として世界遺産に登録される際、「法」の読み方を統一する必要から当時の高田良信法隆寺管長が「ほうきじ」を正式名称としました。この三重塔は法隆寺の五重塔の二層、四層をだるま落としの要領で抜いた形になっているそうです。

日本最初の世界文化遺産だけあって法隆寺は「仏教美術の集大成」ですが、約１３００年もの風雪に耐えた五重塔をヒントに現代の高層ビルが建てられていることを思えば、古代人の偉大な叡智には驚かされます。

2　明治日本の産業革命遺産のシンボル「軍艦島」

日本の『石炭業』を支えた「軍艦島」こと端島炭坑

富国強兵を目指した明治政府が重視した産業は、外貨獲得のための『絹産業』、軍艦建造のための『製鉄業』、そしてエネルギーとしての『石炭業』の3つでした。軍艦島は2015年7月に、軍艦島単体ではなく、『明治日本の産業革命遺産である製鉄・製鋼、造船、石炭産業』という遺産の構成資産の1つとして世界文化遺産に登録され、長崎ではこの軍艦島のほかに、高島炭鉱や三菱工業長崎造船所、旧グラバー住宅などが同時に登録されています。

日本最古の木造洋風住宅として世界遺産登録された「旧グラバー住宅」を建てたトーマス・グラバーは、生糸の輸出、続いて武器弾薬や軍艦の輸入、軍艦修理のための小菅修船場の建設、そして高島炭坑の実質経営を行うなど、3つの産業に貢献した人です。その明治日本の産業革命遺産の中でも人気を誇る「軍艦島」は、その隣接する高島炭坑とともに日本の『石炭業』を支えた端島炭坑の通称です。

日本最古の鉄筋コンクリート住宅

この島は石炭出炭量の増加に伴い、急成長を遂げ、日本最古の鉄筋コンクリート高層建築の30

号棟アパートや学校、神社、映画館などが立ち並び、１９６０年には５０００人以上の人が生活し、世界一の人口密度を誇っていました。

しかし、この軍艦島は30年以上の長きにわたって無人であったため、現在では廃墟に近い状態で、建物は老朽化が進んでいますが、完全に修復してはその価値が損なわれてしまいます。つまり、軍艦島は廃墟のままを維持するというむずかしい修復と保存が求められているのです。

また、建物だけではなく世界遺産の対象となっている「天川工法」による石積み護岸も古くなっており、海水に削られて大きく割れていたり穴が開いている部分があって、こちらも修繕が必要となっています。

テレビアンテナと緑が増えた軍艦島

現状をしっかりと把握したうえで景観を損ねず、なおかつ崩壊を回避するということが、今後の軍艦島の課題ですが、私は実際にこの端島炭鉱で働いた経験のある方から貴重なお話を伺いました。

中でも「近くでダイナマイトを発破する際にも避難せずに発破の方向に向いて身を伏せるだけ、という危険で劣悪な職場環境であったにもかかわらず、地上に出ると皆の顔には疲れた表情はなく、笑みがこぼれていた」という話が印象に残っています。

発破の方向に身を伏せるのは、反対に背を向けると鼻から粉塵が入ってくるからだそうですが、地上での笑みは生きて生還できたことへの感謝の気持ちだったのでしょうか。職場環境が悪く、重

【日本の『石炭業』を支えた「軍艦島」】

労働でしたが、賃金が高かったので、各家庭にはテレビなどの最新の電化製品が揃っていました。しかし、健康管理も大変だったらしく、軍艦島での一番の高給取りは医者だったと言われています。

おすすめの軍艦島上陸ツアー

この軍艦島への上陸は単独では行けませんので、軍艦島のクルーズ船を運航している船会社の「軍艦島上陸ツアー」に参加する必要があります。現在、軍艦島の上陸クルーズを運航している会社は５社ありますが、私は「軍艦島コンシェルジュ」のツアーに参加しました。そして、軍艦島上陸クルーズに乗船する前に「軍艦島デジタルミュージアム」を見学しました。なぜなら、このデジタルミュージアムは軍艦島コンシェルジュ「上陸・周遊ツアー」とのセットプランでは、料金が半額になるからです。

この軍艦島デジタルミュージアムでは、詳しいガイドさんの案内に加えて、最新のデジタル技術で当時の軍艦島にタイムスリップさせてくれます。また､上陸しても見学箇所は限られるのですが、ここでは立ち入り禁止区域も巨大スクリーンやプロジェクションマッピングで再現してくれるので、超おすすめです。

産業革命時の石炭業・製鉄業を支えた軍艦島は、石油へのエネルギー革命で切り捨てられたため、上陸しても残っているのは廃墟のような建物だけです。しかし、人が住んでいた頃にはほとんどなかった植物が、人が消えたことによって自然に育って緑が増え、海もコバルトブルーに輝く地球に優しい島に変貌しています。

軍艦島は日本の近代化を推し進めた貴重な産業遺産ですが、私には人類にとって大切な「未来からのメッセージ」を送ってくれる有難い未来遺産のようにも感じました。

3　ブナの原生林が自生する日本初の世界自然遺産「白神山地」

縄文人の生活支えたブナの原生林

「白神山地」は、人の手がほとんど入っていない原生的なブナ林が世界最大級の規模で分布し、多種多様な動植物が生息する特異な生態系が見られることなどが評価され、1993年、世界自然遺産に登録されました。

白神山地は青森県と秋田県の県境にまたがる標高200～1250mの山岳地帯で、その中心部のおよそ1万7000ヘクタールが世界自然遺産に登録され、多くの地域は白神山地森林生態系保護地域、白神山地自然環境保全地域、津軽国定公園、赤石渓流暗門の滝県立自然公園、秋田白神県立自然公園などに指定され保護されています。

白神山地に現在の生態系が形成されたのは、氷河時代が終わって日本列島が温暖化した約8000年前の縄文時代早期の頃で、ブナを中心とした原生的な森には、500種以上の植物、ニホンカモシカやクマゲラなど貴重な種を含む多種多様な生物が育まれ、四季折々、この森が縄文文化を育んできたと言われています。ブナ林はすぐれた保水能力があり「緑のダム」とも呼ばれ、動植物だけでなく人間もその恩恵にあずかってきたのです。

「白神山地」のおすすめ観光スポット

白神山地の核心地域においては、次世代に貴重な自然環境を引き継いでいくため、人手を加えないことになっており、整備は行われていませんが、岳岱《だけだい》自然観察教育林、暗門の滝、十二湖、高倉森歩道、太夫峰、白神岳、小岳、二ツ森、藤里駒ケ岳などは一般観光客も訪ねることができます。

中でも十二湖を一望できる「大崩《おおくずれ》展望所」は、ブナの森に囲まれた青い色が美しい「青池」やエメラルドグリーンの「沸壺《わきつぼ》の池」、そして優美な日本海をも見渡せ、世界遺産の絶景を独り占めできるスポットです。しかし、展望所までの道のりは、手つかずの大自然を味わう登山道のため、それなりの準備が必要です。

また、日本キャニオンは、白神山地の西側に広がる湖沼群「十二湖」の散策コース内から眺めることができる白い岩肌が美しい絶景ポイントで、木々に覆われた山肌の中で一部分だけが浸食崩壊によって白い石灰岩がむき出しになり、周囲とのコントラストが他にはない迫力ある景観をつくり出しています。

岳岱《だけだい》自然観察教育林

しかし、私のおすすめは岳岱《だけだい》自然観察教育林で、アニメ「もののけ姫」の作画スタッフも参考にした場所です。この森を語るときに、欠かすことのできないのが「400年ブナ」と呼ばれる白神山地のシンボルです。森の主とも呼べる存在でしたが、台風で倒れてしまい、今は横たわっていますが、独特の存在感で来訪者を出迎えてくれます。

この岳岱は、ブナの花が実をつけ種子となって地面に落ち、実生《みしょう》（発芽後の生長状態）から若木、成木を経て老木として平均樹齢300年を全うするプロセスを観察することができる貴重な自然教室でもあります。世界遺産の地域外ですが、白神山地のブナ林の雰囲気を気軽に楽しめる原生林です。

歩きやすい遊歩道が整備されており、卵を木の枝や草に産むことで知られる変わったモリアオガエルやクロサンショウウオが生息する池もあって、新緑や紅葉に限らず、どの季節に訪れても豊かな自然に触れることができるスポットです。

北東北は「縄文遺跡の宝庫」ですが、縄文遺跡と白神山地を観察するとブナ林が育んだ自然環境が縄文人の生活、精神文化を支えていたことが理解できます。世界が目まぐるしく変わっていく現代、未来に遺していかなければならない人類が共有する宝物の「白神山地」の森ですが、縄文時代と同様にどうやって共生していくかが問われているのかもしれません。

【白神山地の岳岱自然観察教育林】

4　自然と人間が共生した銀生産地「石見銀山」

世界経済に影響を与えた日本における銀生産の歴史

世界遺産認定された島根県の石見銀山は、「東西文明交流に影響を与え、自然と調和した文化的景観を形づくっている、世界に類を見ない鉱山である」と言われていますが、私は特に東西文明交流に果たした役割に注目したいと思います。

今日の日本は資源が乏しい国ですが、17世紀初頭の日本は、銀の産出国として世界産出量のおよそ3分の1に相当する量を生産し、16世紀以降に来航するようになったポルトガル、オランダなどとの交易で石見銀山の銀が大量に使われました。

14世紀初頭に大内氏が発見したとされる石見銀山で、その銀の生産拡大を可能にしたのは、16世紀に博多の商人神屋寿禎《かみやじゅてい》が朝鮮から呼び寄せた2人の技術者によって伝えられた新しい精錬技術です。それは「灰吹き法」という、銀鉱石をいったん鉛に溶け込ませてから銀を抽出する効率的な生産方法でした。

石見銀山ではこの技術を取り入れて開発が進みましたが、健康被害は深刻だったようで、作業員は鉛中毒や水銀中毒を発症し、30歳まで生きられた鉱夫は、尾頭付きの鯛と赤飯で「長寿」のお祝いをしたと言われています。

石見銀山観光で訪れる龍源寺間歩

この石見銀山は、戦国時代の後期から江戸時代の前期にかけて最盛期を迎え、日本最大の銀山となり、17世紀初頭には推計で年間約40ｔの銀を産出していたと言われています。採掘していた坑道跡の遺跡と龍源寺間歩《まぶ》につながる「大森町の文化的景観」は世界遺産に登録されましたが、間歩とは銀山採掘のために掘られ坑道や水抜き坑のことで、主な坑道としては、龍源寺間歩の他に大久保間歩、釜屋間歩などがあります。

　大久保長安が槍を持って馬に乗ったまま入れたと伝わる大久保間歩は、坑道周囲に住む住民の通路としても使用され、山を抜けて反対側の学校に通学する子どもたちの通学路にもなっていました。釜屋間歩は大久保間歩の上側に位置する坑道で、安原伝兵衛によって開発され、周囲には現場で精錬を行った遺跡も発掘されています。

　石見銀山資料館から徒歩圏内にある龍源寺間歩には約６００ｍの坑道が残っており、入口寄りの２７３ｍは通年で一般公開。内部を見学できますが、坑道壁面には当時のノミ跡が残っています。

石見銀山資料館（代官所跡）と「いも代官」

　石見銀山資料館は「いも代官ミュージアム」とも呼ばれ、石見銀山に関する歴史資料、鉱山資料・標本等を収集、収蔵、公開していますが、享保の大飢饉の際に石見銀山領を中心とする窮民救済のため数々の施策を講じた「いも代官」こと第19代石見代官の井戸《いど》平左《へいざ》衛門《えもん》正明《まさあき》に関する展示が充実しています。

彼は1732年（享保17年）、石見国大森地区の栄泉寺で薩摩国の僧である泰永からサツマイモ（甘藷）が救荒食物として適しているという話を聞き、種芋を移入し、多くの領民を救いました。

この功績により井戸平左衛門正明は領民たちから「いも代官」あるいは「芋殿様」と称えられ、今日まで顕彰されるに至っているのです。

「歩く世界遺産」と呼ばれる銀山柵内《さくのうち》と五百羅漢

また、石見銀山では、銀の採掘→選鉱→製錬→精錬という、銀の生産から商品化までの行程がすべて銀山柵内《さくのうち》と呼ばれるこの地で行われ、工場と住宅が一体となり、生活の場にもなっていました。

そのため、石見銀山は銀の枯渇とともに閉山しましたが、その遺跡は坑道や鉱山、集落や役所などの銀生産に直接関わる「銀鉱山跡と鉱山町」、銀鉱石や物資を運搬する石見銀山街道などの「街道」、銀の積出港であった鞆ヶ浦や沖泊《おきどまり》、温泉津《ゆのつ》などの「港と港街」に分けられ、「歩く世界遺産」としても知られています。

特に全長約12㎞の温泉津沖泊道や急傾斜地に形成された鞆ヶ浦には、当時の港湾集落の様相がよく保存されています。また、鉱山町の大森は、江戸時代の武家屋敷や代官所跡、銀山で栄えた豪商の熊谷家住宅など、歴史的な建造物や文化財が並んでおり、のんびり散策すると懐かしい雰囲気に包まれます。

【代官所跡の石見銀山資料館（いも代官ミュージアム）】

そして、銀山で亡くなった人々の霊と先祖の霊を供養するために羅漢寺も建てられており、向かい側に掘られた3つの石窟には、中央窟に三尊仏、左右両窟に250体ずつの石像羅漢座像が安置されており、五百羅漢と呼ばれています。これら五百羅漢像には色鮮やかに塗りが施されており、笑ったり泣いたりしている姿、天空を仰いでいる姿など、様々な表情が見て取れます。

この五百羅漢は、18世紀に石見銀山代官所の役人が発創し、亡き人の冥福を祈って石仏を寄進したことが発端ですが、その完成によって、鉱山の衰退で不安を抱いていた人々の心に安らぎを与えただけでなく、鉱石の産出量も増加したと言われています。その後、拝観すると亡くなった父母や近親者に会えるとされ、各村々からの寄進が相次ぎました。

石見銀山は日本遺産「銀の馬車道」と共に資源大国日本の記憶

銀の精錬には多くの木材（薪炭材）を必要としますが、石見銀山では、採掘当時から無秩序に山を切り崩すような森林伐採をせず、銀鉱脈に沿って狭い坑道を掘り進める採掘方法や、伐採した数と同じだけの植林を行うなど、適切な森林管理に加えて、採掘から搬出までの銀山運営がしっかりとなされており、銀鉱山が豊かな自然と共存していた文化的景観である点が特筆されます。

銀の搬出と言えば、「銀の出ること土砂の如し」と言われた生野銀山から姫路・飾磨港へ銀を運んだ「銀の馬車道」は、画期的な馬車専用道として日本遺産に認定されています。銀の馬車道（生野鉱山寮馬車道）は、明治政府の官営事業として建設され、ヨーロッパの最新技術が導入された重い鉱石に耐え得る画期的な構造を持つ馬車専用道で、最短・平坦で安全な所を通る日本初の高速道路でもありました。

「石見銀山世界遺産センター」では、「大久保間歩」の一部を忠実に再現した展示室など、石見銀山の歴史や鉱山技術をわかりやすく紹介していますが、この世界遺産は日本遺産の「銀の馬車道」とともに、世界の銀の流通に大きな影響を与えた資源大国日本の記憶を残しています。

そして、この石見銀山は自然に対する配慮の歴史（自然と人間の共生）でもあり、私は「21世紀が必要としている環境への配慮」がすでに行われていたことに感銘を受けました。

5　海洋を含んだ初の世界自然遺産「知床半島」

「北海道」の命名者、松浦武四郎の『知床日誌』

２０１９年、私と同じ三重県出身の冒険家で北海道の命名者でもある松浦武四郎の人生を描いた『永遠のニシパ～北海道と名付けた男 松浦武四郎～』がドラマ化され、「この男がいなかったならば、北海道は生まれなかった」という幕末の大探検家・松浦武四郎の人生が紹介されていました。

彼は６度にわたる蝦夷地（北海道）の探査を行い、アイヌの人々の協力を得ながら、蝦夷地の詳細な記録を残しています。その数ある著作の中でも『知床日誌』には、アイヌ語の地名、伝説に関する詳細な記述のほか、知床の生態系についても記された部分があり、興味深い内容となっています。

「知床」の名前の由来は、アイヌ語の「突き出した地」、「地の果て」を意味する「シリ・エトク」とされ、地形や環境が人を寄せ付けなかったので、太古からの自然が残り、絶滅危惧種など希少な動植物が棲息していることから、知床半島は海を含む初の世界自然遺産に登録されました。

長さ約70㎞、基部の横幅約25㎞の細長い知床半島の中央を高さ1200〜1600mの知床連山が貫いており、この山々を挟んでオホーツク海に面したウトロ側と、根室海峡に面した羅臼側では地形や気象条件が大きく異なっています。この自然環境の違いから、ウトロ側は農業と観光業、羅臼側は漁業が主産業となっています。

知床半島自然遺産の見どころ

この北海道北東部に突き出した知床半島の自然遺産は、斜里《しゃり》町と羅臼《らうす》町にまたがる大地とその沿岸の海を含み、これは海洋が入った初の自然遺産で、現在ある日本の自然遺産の中でも最大の広さを誇ります。

太古からの手つかずの自然には、ヒグマやエゾシカなど野生動物が多く生息し、神様が手をついた跡と伝えられる原生林に囲まれた知床五湖や、知床最大のオシンコシンの滝、「乙女の涙」の愛称があるフレペの滝、そして温泉が楽しめるカムイワッカの滝など、知床八景と呼ばれる景観は神秘的な美しさです。

特に印象に残るのはフレペの滝で、この滝は川にはつながっておらず、知床連山に降った雨や雪による水が地下に溜まり、それらの水が断崖の割れ目から流れ落ちているのです。そのため、控えめに流れる優雅な姿から、「乙女の涙」と命名されました。

知床は世界的に絶滅が危惧されているシマフクロウやオジロワシ、そしてシレトコスミレのような希少動植物が存在し、また天然記念物のオオワシの越冬地としても知られていますが、ヒグマやエゾシカ、アザラシのような大型の哺乳類が高密度で生息していることも、知床の自然遺産が評価される所以です。

海から陸へとつながる食物連鎖の生態系が残る

知床の魅力は希少動物を含む生物の多様性だけでなく、海と山の独特な食物連鎖の存在にあります。北緯44度に位置する知床は、地球上の最も低い緯度で海水が結氷する季節海氷域にあたっており、アムール川からオホーツク海に淡水が流れ込んで形成される塩分の薄い層がシベリアからの寒気によって結氷し、流氷として知床沿岸に届きます。

そしてこの豊富な栄養塩を含む流氷が春になると融解して大量の植物プランクトンを供給し、そしてその植物プランクトンの豊富な海が動物プランクトン、さらに小魚、貝類を繁殖させ、それらを餌とするアザラシなどの海獣や海鳥を育てます。

この海から始まる食物連鎖は、アザラシなどの海生哺乳類はもちろん、河川を遡上する海で育ったサケやマスを捕食するヒグマやキタキツネなどの山に住む陸生哺乳類の餌となり、そして、山の生き物が息絶えると、それが土に帰って山を豊かにするといった、海と陸が育む複合生態系となっています。

秘境でありながら心休まる知床半島

このように海と山の生き物が循環することで、価値を高め合う生態系こそが、知床の自然の特質なのです。そのため、知床は国が保護管理を行う自然公園でもあり、この生態系を守るための「知床エコツーリズム推進協議会」が設置され、科学的な側面からも自然が管理された上で「エコツーリズム」が活用されています。

現在、知床半島の斜里町ウトロにあるオロンコ岩近くには、知床を探検した松浦武四郎顕彰碑が立っていますが、そこに記された彼の歌にもある通り、この公園は秘境ですが、ゆっくり滞在すれば心休まる場所だと思います。

「山にふし　海に浮寝のうき旅も　慣れれば慣れて　心やすけれ」　松浦武四郎

オロンコ岩は、知床八景の1つで、ウトロ港近くにある高さ60ｍの巨岩で、170段あまりの急な石段を上っていくと頂上は平らで、360度のパノラマを楽しむことができます。

また、駐車場近くには森繁久彌の「知床旅情の碑」もあり、海を埋め尽くす流氷でも知られています。

第6章　自分でテーマ旅行を企画するためのアイデアノート

1　人はなぜ旅に出るのかを考える

旅は人生が一度限りであることへの抗議

「なぜ旅に出るのですか」と問われれば、私はいつも「人生がただ一度限りだからです」と答えています。すなわち、人生は一度しかないので、無限の可能性の中から1つしか選べず、生まれた土地で一生を過ごすことも人生の選択ですが、やはり別の土地で生きる自分の姿を思い描いてみたいと、漂泊の思いにかられて旅に出るのです。

私は旅行業に身を置いていますが、そんな私にとっても旅に出る行為は、単なる仕事ではなく、人生がただ一度しかないことへの挑戦なのです。そして異郷の地でその土地の人と交流し、見聞・観察しながら新たな気づきと感動を見出す創作活動を通じて新たなテーマ旅行の企画を考えているのです。

言い換えれば私の旅は、これまで自分が生きてきた「物語」と旅先で出会う「物語」とが織りなす新たな「ストーリー」の創造です。そして、この「ストーリー」の創造に必要不可欠な要素が「テーマ」であり、また、テーマのある旅をすれば、好奇心が生まれると同時に旅が新たな自分の「物語」として記憶に残ります。

私の経験から言えば、この「テーマ」が明確であればあるほど、価値のある「出会い」が生まれ、

【旅は人生が一度限りであることへの抗議】

そしてその「出会い」が「時の流れの忘れ物」として心に残ることから、必ずまたもう一度訪れたい、もっと探求したいという気持ちが湧いてくるのです。

充実した人生には真のテーマ旅行が必要

私はこの人の心に灯をつける「再訪」の想いと「探求心」という情熱こそが「テーマ旅行」の醍醐味であり、テーマを持って旅する人の特権だと思っています。逆にこのような好奇心が生まれない旅は、真のテーマ旅行ではありません。そして年月を経て過去に訪れた土地で、以前に出会った人と再会したり、懐かしい景色に心を打たれる瞬間、「再訪の旅」を喜ぶのが真の旅人なのです。

人生100歳時代と言われていますが、充実した人生を送るためには、この好奇心を刺激し、出会いを求めるテーマのある旅が必要不可欠だと思います。

旅を住処とした松尾芭蕉の旅も俳句をテーマとした旅であり、門人との悲喜こもごもの「出会い」から、「かるみ」という理念が生まれ、素晴らしい名句を今日に残してくれているのです。

2　旅から学んだことは「物語」として記憶する

趣味の旅行からストーリー性求めるテーマ旅行へ

「平成」から「令和」という新しい元号に変わり、この改元を機に神社仏閣を巡る「ご朱印集め」

の旅がブームとなっています。

しかし、このご朱印を集めることが主目的である趣味の旅行では、学びが少なく、旅の記憶が残りません。もし神社を参拝する際、祀られている神様や『古事記』などの歴史に関心が生まれると、趣味の旅行からテーマ旅行に移行でき、旅にストーリー性が生まれます。その結果、旅の記憶が有意義で楽しかった「想い出」として残るのです。

言葉を換えれば「思い」で旅をするのが趣味の旅行で、「想い」で行動する旅がテーマ旅行です。「思い」という字は、自分の「田」んぼ（フィールド）に「心」を砕くと書きますが、「想い」という字は「相」手のことに「心」を砕くと書き、自分の関心のある世界だけでなく、相手（出会い）が存在するのです。すなわち、テーマ旅行は自分の関心のあるものを求めるだけでなく、旅先で遭遇する出会い（相手）から気づきを重ね、物語を創造していく旅なのです。

たとえば西宮神社は、福の神の「恵比寿様」を祀る神社として有名ですが、正しくは「蛭児大神《ひるこ》」が主神であり、この神様は伊弉諾尊と伊弉冉尊の最初に生まれた不具の子でした。そこで、ご朱印をいただくだけでなく、西宮神社の由緒書きを読んだり、宮司さんの話を聞けば、「国生み神話」の淡路島を訪ねてみたくなります。そして、淡路島の伊弉諾神宮を参拝すれば、これが日本最古の縁結び神社であり、「淡路国一ノ宮」でもあることを知るに至り、『古事記』や「一ノ宮」をテーマとした旅に出たくなります。

これが「ご朱印集め」という趣味の旅行からテーマ旅行への理想的な移行なのです。

「物語」をテーマとした日本遺産を巡る旅

平成27年よりスタートした「日本遺産」は、日本各地に存在する有形無形の文化財を、その地域の歴史的魅力やわが国の伝統・文化を伝えるストーリー、すなわち「物語」として文化庁が認定する制度です。そこでこの日本遺産を巡る旅などは、理想的なテーマ旅行であり、現地での学びが「物語」として記憶されるので、「想い出」創りには最適です。那須野が原でも形のない物語を観光客にイメージしてもらうために「日本遺産ガイド」の養成に取り組んでいます。

「物語」にはそれを語る人、聴く人あるいは読む人の心があって、それぞれ各自の想いが訪ねた土地に繋がってこそ「物語」は旅となり、記憶に長く残るのです。日本遺産を巡る旅を経験すると、新たな気づきから自慢のネタが記憶され、「物語」を語れる人になれます。

また「物語」はたとえそれがフィクションであっても設定された舞台が実際に存在する場合も多く、その舞台を訪れて主人公の気持ちに思いを馳せるのもテーマ旅行です。

3　楽しかった感覚を思い出す

旅の効用の1つは気分転換とリフレッシュ

旅の効用の1つは非日常を味わうことで、気分転換を図り、リフレッシュできることにあります。

私も旅に出ると「ああ、この土地の人たちは自分がいなくても楽しく生きているんだ」といったこ

【那須野が原を物語で案内「日本遺産の旅」】

東京新聞　2020年（令和2年）1月27日（月曜日）　栃木　地域の情報　18

那須野が原「物語」で案内

「日本遺産ガイド」養成開始

日本遺産を案内するポイントを学ぶ講座＝那須塩原市で

日本遺産に認定された、那須塩原など四市町の「明治貴族が描いた未来～那須野が原開拓浪漫譚～」を案内する観光ガイドを育てる「日本遺産ガイド養成講座」が始まった。これまでの観光とはひと味違う「ストーリー」を重視する日本遺産を、どう案内するかを学び、ガイドツアーの開催などに結び付ける。（小川直人）

4市町の男女52人　3月まで受講

開拓を「イメージ」に

養成講座は、那須塩原、大田原、矢板、那須の四市町で構成する日本遺産活用推進協議会の主催。四市町から、各種ガイドの経験者を含む二十代～八十代の男女五十二人が参加している。

那須塩原市の那須野が原博物館で十六日にあった初回は、旅行会社「クラブツーリズム」（東京）の黒田尚嗣さんが、建造物の見学が中心となる世界遺産の案内との違いや、ストーリーを実感してもらうポイントなどを解説した。

黒田さんは「形のない物語を、観光客にイメージしてもらう必要がある。イメージ作りを助けるのが日本遺産のガイドだ」と説明。大規模農場を開拓する過程で水を確保するために開削された「那須疏水」などを「水」がツアーのテーマになり得るとし、琵琶湖の水を京都に引いた「琵琶湖疏水」など「他地域と比較して説明すると分かりやすい」と助言した。

自然系のガイドをしているという、那須塩原市の藤井利行さんは「もっと地域の歴史を知りたいと思った。案内する幅が広がれば」と講義に臨んでいた。

受講者は三月までに六回の講座を受ける。二〇一八年五月に同時に日本遺産に認定された「大谷石文化」（宇都宮市）なども視察する。受講後はモニターツアーを開催して、実際にガイド役を務めることが検討されているという。

地域共生社会目指し　那須塩原でシンポ　来月8日参加無料

住民同士が助け合う共助の力を高めようと、那須塩原市は二月八日、同市の三島ホールで「地域共生社会シンポジウム」を開く。栃木市の地域活動のリーダーらが事例を報告するほか、

街づくりなど連携協定

宇都宮メディア・アーツ専門学校と市

精神科医・水島広子

とが実感できて、気分が楽になったりします。

すなわち、旅することで日常生活において気にしている虚栄心のような、いらないものを捨てられることも旅の効用です。

私たちの脳は、たとえば「いやなことがたびたび頭に浮かぶ」といったネガティブなスイッチが発動されると、気分的に落ちこんで物事に集中できなくなり、旅も十分に楽しむことができません。

しかし、旅行中にこの「ネガティブなスイッチ」を自覚することができれば、スランプに陥ることを未然に防いだり、ネガティブな気持ちをポジティブな状態に戻すなどの対応が可能となります。

このネガティブな状態からポジティブな状態に戻るためには、一度ネガティブな状態を断ち切る作業を経る必要がありますが、その最も効果的な方法は、楽しかったときの感覚を思い出して再現することです。まずは楽しく感じたときのことを思い出して、次の質問をしてみてください。

・「そのとき頭の中で何を考えていたか？」
・「何をイメージしていたのか？」
・「どのような気持ちや感情だったのか？」
・「どのような音や声が聞こえていたか？」
・「特に体のどの部分がどのような感覚になっていたか？」
・「記憶に残っている匂いは何か？」
・「どのような食事が美味しかったか？」

テーマ旅行は楽しかったときの感覚を再現する旅

このように「楽しかったときの感覚」を書き出し、それをテーマとした旅を実行に移すのです。私は縄文文化をテーマとする旅を企画する際には、気持ちが豊かになった場所や記憶に残る「匂い」を求め、できる限り縄文人になりきって楽しかった十日町市の「笹山遺跡」で体験した感覚を思い出すようにしています。

そして、旅を通じて小さな存在である自分を素直に認め、過去に起きたことは、失敗も成功も自分の将来に活かす材料とするのです。

この習慣をつくれば、人生を豊かにすることができます。日常生活で自分の失敗を認めるのは辛くても、非日常の旅先で受け入れることができれば、より大きく成長できます。

この「旅から人生が変わる」という成長の継続性こそが、テーマ旅行の効用の中でも最大のものだと思います。

4　感情の老化を防ぐ「感動」「ワクワク感」を大切にする

「旅行＋知恵＝人生のときめき」のテーマ旅行で感情の老化を防ぐ

私は２０２１年の丑年における出羽三山「生まれ変わりの旅」を体験し、生まれ変わりには「肉体的な老化」より「感情の老化」に注意すべきであると感じました。「感情の老化」とは耳慣れな

【新潟県十日町市の「笹山遺跡」で縄文人になる】

い言葉ですが、「感情」も使っていないと老化するのです。

そして感情が老化すると、新しいことに挑戦する意欲を失い、無感動となり、それが「記憶力の低下」「体力の衰え」といった本格的な老化現象に繋がります。自然と触れ合う機会が少なくなった現代人は、肉体だけでなく感情が老化しがちです。

そこで私は令和の時代には、忙しい旅からゆとりがあって「ときめき」を感じることのできる「共感」の旅をすべきだと考えます。それは「旅行＋知恵＝人生のときめき」をテーマとした「心のときめき」を感じる旅をすることです。なぜなら、人は「ワクワク」すると、幸せな気分になって心も豊かになり、感情も老化しないのです。

当たり前のことですが、成功事例は「適切な行動をする」ことから生まれますが、一部の成功法則では、「ワクワクすることをすれば成功する」とも言われているのです。これは、私たちの脳は、「楽しい」「ワクワクする」と感じることで、行動を起こさせやすくする脳内物質が出るためです。専門用語で「ドーパミン」と呼ばれている物質ですが、このドーパミンが出ることで、私たちは、行動することが楽しくなり、結果として、成功するまで行動を継続できるのです。

テーマ旅行では「ワクワク感」が大切

そこで、私は旅に出れば「できる、できない」と考えるのではなく、「楽しい」「嬉しい」といった「感動」や「ワクワク感」を求めています。そうすると歩いているだけで楽しくなり、やがて夢

【2021 年の丑年での出羽三山「生まれまわりの旅」】

中で行動している自分に気が付くのです。この「ワクワク感」こそがテーマ旅行の醍醐味であると同時に自分の持っているパフォーマンスを最大限に発揮するエネルギーなのです。

そして、心が「楽しい」と感じるだけではなく、体中にある細胞の１つひとつまでもが震えるほどの悦び（喜び）を体感することができれば、自分の望む成果を引き寄せることも可能になります。

すなわち、旅に出て楽しい想い出をつくり、新たな生きがいのテーマを見つけるためには、この「細胞が震えるほどの悦び（喜び）」の感覚を味わって、旅の成果を最大限に引き出しましょう。

5　感情が変われば行動が変わり、行動が変われば習慣が変わり、人生も変わる

テーマ旅行の企画で幸福感を味わう

私は長年、テーマ旅行の企画に携わり、実際にツアーに同行して経験を積み重ねてきましたが、同時に「旅を通じて幸せをつかみ、旅行から成功法則を導く方法」も模索してきました。

先日、私はオランダの研究機関による「旅行の企画を考えるだけで、その旅行の８週間前から幸福感が高まる」という調査報告記事を読みました。これは脳科学的に言えば、次にどこに行こうかと旅行計画を考え始めると、次第に期待感が高まり、旅行前であってもワクワク感が生まれてくると説明されます。

しかし、旅行には不確定要素が多いので「雨が降ったらどうしよう」とか、「道に迷ったらどうしよう」など、不安や恐れを考え始めると、旅行計画は実行に移せません。そこで、結果を恐れず、まずは期日を決めて「行動に移す」ということを目的とすれば、脳は「行動することが成功」と認識します。その結果、プラスの感情を導くドーパミンという脳内物質が分泌され、自信をもって旅行計画が遂行できると同時にワクワク感も生まれてくるのです。

そして行動した結果、計画通りにうまくいかなかった場合には、「どうすればうまくいくだろうか？」と自問して行動を修正します。そうすることで、自分の望む結果に近づくことができるのです。行動すれば、必ず何らかの結果が生じ、結果がでればその結果に至った理由が判明しますが、これが生きた「知恵」となるのです。

すなわち、テーマ旅行は、目的にリンクした「理由発見ゲーム」なので、幸せを実感するためには、まずは旅に出るという行動が大切です。そして「旅行＋知恵＝人生のときめき」を味わっていただきたいと思います。

人は感情の動物なので、旅に出ると人生が変わる

「可愛い子には旅をさせよ」という言葉があるように、人生を豊かにするには、出会いを求めて大いに旅に出るべきだと思います。しかし、目的のない旅であれば学びも少なく、旅行の満足度も上がりません。私は現在、先人の知恵を学ぶために旧街道を歩いていますが、この旧街道を歩くテー

マ旅行で感じることとは、旅は「出会い」の場であると同時に「究極の学び」の場であり、「旅行から人生が変わる」ことが多いということです。

今日のような人生100歳時代に「充実した人生」を送るには、テーマのある旅に出て、新たな気づきを重ねることをおすすめします。私の経験上、人が本当に必要としているものなんていくつもありません。しかし、新しいことを知りたいという欲望は潜在意識の中にあるのです。

例えば「スペインに1日しかいないならトレドへ」と言われるほど見どころが集中する、エル・グレコが愛した芸術の町トレドを訪ねると、私は眠っていた好奇心に火がついて貴重な建築物が数多く見られる迷路のような細い路地を散策し、路地裏に残る小さな教会やアラブ風の城壁に心がときめきます。

そして、いつもの食事とは異なるトレド名物の甘いパン「マサパン」を食すると感じ方や考え方も変わるのです。なぜ、旅行から人生が変わるのか。それは、旅に出て新しい出会いや気づきがあると、自分の気持ちや感情に変化が生じるからです。

感情が変われば行動が変わり、行動が変われば習慣が変わり、その結果、人生も変わるのです。すなわち、いい旅をすると人も変わり、生き方も変わるので、最高の旅行は最高の人生に繋がるのです。言い換えれば、旅の「質」が人生を左右すると言えるでしょう。そこで参考までに私の旅の「質」に関する所見をお話すると、旅の本質はハードやソフトのいずれかで決まるものではなく、まず1つのテーマがあって、そのテーマにあったディテールへのこだわりがポイントなのです。

【スペインのトレドでは潜在意識が目覚めました】

第7章

現代の格安旅行術〜お金を最小限に抑えて最大の楽しみを得るコツ

1　与えることが幸運を招く

まずは「自分が何を望んでいるか」を明確にする

サービス業の世界では、「自分の欲を満たそうとすると、お金は出ていく。逆に、他人の欲を満たそうとすると、お金は入ってくる。お金は、自分が誰かのために貢献した対価として与えられる」という教えがあります。

そこで私は「お役に立つ」という意識をもって、日本の伝統的な文化を多くの人に知ってもらうべく、一般社団法人日本遺産普及協会を設立し、文化庁が主催する「日本遺産シンポジウム」でも私の経験談を語っています。

そして「お客様の役に立ちそうな情報」を提供できるように心掛けていますが、この役立つ情報収集においては、まず「自分が何を望んでいるか」を明確にすることです。

旅に出ると、日常から解放され、「自分が本当に望むものは何か」を改めて考える機会がもてます。この「自分が何を望んでいるか」を明確にすることが格安旅行術の基本で、経費を最小限に抑え、旅行中の無駄な出費を防ぐと同時に旅を有意義なものにする必要条件なのです。

そこで、旅行に出かける際には、次の3つのことを心がけてください。この心得は旅行に際して活用できるだけでなく、日常の生活や仕事上でも役立つ内容です。

【「日本遺産シンポジウム」で経験談を語る】

①常にその日の目標を整理する

具体的にはどこで何を見て、どのようなことを学ぶか、又は誰に会ってどのような話を聞くか、といった目的を明確にすることです。

②その日の行動計画を書く

この作業によって行動イメージが事前にわいて、時間的ロスをなくすと同時にいろんなアイデアが現実味を帯びてきます。

③チェックリストをつくって、それに沿って行動し、その日のうちに記録を残す

これは添乗員がやっていることですが、個人的な旅行にも取り入れると旅行中の無駄がなくなります。

旅行中といえども「時間」の使い方には注意する

旅行はお金だけでなく、大切な時間を消費する活動ですから、無駄な時間を省くことが重要です。そこで私は、旅行計画を練る際には、「この見学に時間を使うことは果たして賢い投資だろうか」と、いつも心に問いかけてイエスかノーかを明確にしています。旅行中だからと言って無駄に時間を浪費しないように「すべきでないことを鋭く見極めること」が私の最大の格安旅行術なのです。

人生の豊かさの源は、行動に必要な情報、知識、そしてエネルギーですが、このエネルギーは「無駄な時間」の有効活用に充てるのです。

そこで、価値ある旅にするためには、目標へ確実に近づけるように時間や体力、お金などを計画的に利用しなければなりません。より多くの時間を生産的に活用することができれば、目標達成の可能性は高くなります。「急げば急ぐほど遅れる」ので、十分な時間をとって計画およびチェックリストをつくりましょう。

そして旅行中の心構えとして大切なことは、広い心を持って、いろんなものに関心を抱いて触れることです。自分の常識という狭い世界の外側にいる人に会って様子を見ましょう。きっと、従来の慣習や決まり事にとらわれることなく、新たな気づきをもたらしてくれることと思います。

旅行中に幸運を呼び込むための近道

さらに旅行中に幸運を呼び込むためには、自らの努力も必要です。サービス業の世界には「与えることは受け取ること」という言葉があります。特に旅先では、与えるほど「運」が巡ってきますので、自分の知っているちょっとしたお役立ち情報などを積極的に「与える癖」をつければ、幸運を引き寄せやすくなります。

しかし、重力は法則ですが、幸運は法則ではありません。１００円玉というお金を落とせば、法則で地面に落ちますが、お金の上手な使い方は幸運への近道です。

旅先でしか手に入らない土産や地産地消の食事にお金を使うことは、地元の経済に貢献するだけでなく、潜在意識に富と成功の意識を植えつけ、脳を活性化させることになるのです。

特にお世話になった人やおもてなしを受けた宿に対してお金を使うことは、旅の価値を高めるのでおすすめです。

2 「効率」と「効果」を考える

旅の「効果」である満足度を上げる

今日、私たちは気軽に日本全国、世界各地へ気軽に旅することができます。しかし、旅の有難みや満足度といった旅の「効果」は昔に比べて減ってきているように感じます。

なぜでしょうか？　旅に出て今一つ満足感が得られなかった場合の原因としては、次の4つが考えられます。

①旅の準備や事前勉強が不十分でガイドもいなかった（バスガイド同乗は稀）
②情報過多で自らが推理し、考えることをしなかった（スマホの普及）
③旅先で歩く機会が少なかった（交通手段の発達）
④旅先で人との交流がほとんどなかった（コミュニケーション不足）

逆に、旅する前に勉強し、異郷の地を歩いて現地の人と対話する機会を設け、さらに現地事情に精通した案内人の解説があれば、旅の満足度は上がると思います。

一般的に旅好きな人でも多くの人は経費や旅行手段などの「効率」を意識しても、旅行中や旅行終了後の「効果」には関心が薄いようです。しかし、旅を楽しむと同時に旅を通じて学びを増やすためには「効率性」と「効果性」という2つの視点から物事を考える必要があります。

そこで旅行を計画する際、「旅行中のこの行動は効率的でかつ効果的でもあるのか？」と自問自答する習慣をつければ、費用対効果に意識が向き、最少の経費とエネルギーで最高の結果が出せるようになります。

旅する前の「予習」だけでなく旅を振り返る「復習」も大切

旅行をするときは、「目の前の現象」とそのバックグラウンドをイメージしながら、複数の視点で物事を捉えるようにしてください。複数の視点から考えれば、旅行目的を実現するスピードと確率が高くなり、また、旅の満足感も向上します。

すなわち、旅する前の効率を考える「予習」だけでなく、旅行中や旅した後に得られる効果も考慮し、旅を振り返る「復習」も実践するのです。

また、テーマ性の高い旅行に行く場合は、効率性と効果性だけでなく、「旅行の具体的な目的」、「旅行で得られる満足感」、「自分自身に与える影響」、「どのような学びや出会いがあるか」など、いろいろな角度から考えます。

私はテーマ旅行を企画する際には下見に行って現場を徹底的に調べます。一般的な観光旅行では訪れないテーマ旅行の見学先は、「現場」に出向き、現場の状況を把握する必要があるのです。すなわち、現場を「見て」、現場の声を「聞いて」、現場の空気を「感じる」ことで、見学先の状況を五感で「実感」するのです。臨場感を自分事にできるため、お客様を募る言葉が具体的にイメージできるようになるのです。

さらに、企画したテーマ旅行に同行して、自分が案内する場合は、必ずもう一度「現場」に足を運び、最新の状況から「効率」と「効果」だけでなく、安全性についても確認します。そうすることで情報量が増え、実感が湧いてくるので、より具体的なイメージと話すべきストーリーを組み立てることができるようになるのです。

しかし、私が目指す理想の案内人は、上手な解説よりも人の心に火をつけるインスパイアの精神を持ち、人にいい影響を与えられる人です。

3　旅のパートナーを見つける

「感覚派」と「理論派」

松尾芭蕉のような旅の達人や旅を楽しめる人は、論理的な思考力が身についているだけでなく、同時に非常に鋭い「感覚」も持ち合わせています。つまり、旅を楽しみ、旅の成果を最大限に引き出すには、「高い論理性」と「鋭い感覚（感性）」の両方が大切なのです。

そこで、「私は感覚派だな」と思う人は、論理的思考ができる人を旅のパートナーとし、「なぜ」

【目指すは人にInspire（心に火をつける）できる案内人】

という言葉を意識しながら会話し、情報収集する習慣をつけましょう。逆に「私は理論派だな」と思う人は、感性豊かな人をパートナーとして、一緒に美術館に行ったり、オペラ鑑賞、さらには自然に触れるなどして、意識的に感性を磨きましょう。

こうすることで、今まで知らなかった知識や思いもよらなかった気づきが得られ、旅で幸福感を味わう機会が増えます。すなわち、旅のパートナーがいれば、今まで関心のなかった世界で新たな発見が得られるだけでなく、感動的な出会いから新たな交友関係も築けるようになり、人生の可能性が大きく広がって「旅＋知恵＝人生のときめき」を味わうことができます。

特に一緒に会食する機会の多いクルーズツアーでは旅のパートナーの有難みを感じます。

旅を楽しめる人と楽しめない人の違い

さらに旅を楽しみ、旅で幸せを感じることのできる人は、「今以上に楽しむためには、具体的に何をどのようにしたらよいか？」と問いかけています。また、「何をしたからよかったのか？」だけでなく、「何をしなかったのでうまくいったのか？」といった観点からも考察しています。

一方、旅を楽しめない人は「どうしていつも上手くいかないのだろう？」と失敗する理由や原因を探す問いかけをしていることが多いようです。このようなネガティブな質問をすると、自分を責めたり、後悔したりなど、マイナス感情を引き起こすだけで、望ましくありません。

旅の達人は、自分にとって「効果的な答え」が導き出される質問を頭の中で考えているので、幸

【パートナーの有難みを感じる船旅】

福感を味わいながら旅を楽しむことができるのです。

理想的な旅のパートナー

このように旅を楽しむ上で効果的な自問自答ができるようになるには、反対意見やケチをつける人もパートナーとして側近に置くことをおすすめします。

これは、視点の異なる人から反対意見を述べてもらうことで、自分が気づいていなかったことを悟ったり、自分の考えが独りよがりにならないようにするためにも効果的です。

ただし、この理想的なパートナーからの批判や反対意見は、最後まで聞いてその真意を探ることが大切です。そして、批判を最後まで聞いた後は、その批判を踏まえた上で、行程を練り直します。

そうすることで、受けた批判を活用しながら旅先について再考でき、費用対効果の高い旅行計画に繋げることができます。

そして、有意義な旅ができると感じた際には、パートナーに教えてもらったことを実践するだけでなく、実践した結果を教えてもらったパートナーに報告し、感謝の気持ちも伝えましょう。

こうして定期的にパートナーに旅の報告を続けると、パートナーはよりためになる意見やアドバイスをしてくれるようになり、これがおすすめの格安旅行術なのです

なぜなら、情報過多の今日においては、いろいろと調べたり悩んだりする時間を考えれば、自分を理解してくれているパートナーからのアドバイスこそが、最も役に立つ適切な情報になるのです。

4　出会いを活かして有益な情報を得る

非日常の場面においても出会いを大切にする

旅の達人は一般的に小さなことをコツコツ積み重ねています。普通であれば「そこまでしなくても大丈夫」「これはさほど重要ではない」と思われるような小さなことをコツコツと実践しています。中でも「旅先でお世話になった人にお礼の手紙またはメールを送る」という行為は、些細なことかも知れませんが、出会いを活かして将来、有益な情報を得るにはおすすめです。

すなわち、旅という非日常の場面においても出会いを大切にし、当たり前のことをしっかりと行うことです。要は面倒なことを先延ばしにせずにコツコツとこなしながら、自身の習慣にすることができれば、旅の達人として人生１００歳時代を楽しめるようになります。

旅の達人は質の高い人脈を形成する

この小さなことの積み重ねが旅におけるコミュニケーションをよくしてくれるのですが、私たちは、出会って最初の4分間で『相手がどのような人か？』を決める、と言われています。これはアメリカの心理学者ズーニンの言葉ですが私たちは、出会ってすぐに目の前の人を「好きか？　嫌いか？」「いい人か？　悪い人か？」「これからお付き合いしたいか？　これっきりにしたいか？」などを無意識で判断します。

そして、この最初の4分間で判断した印象は強烈に脳裏に焼き付くので、なかなか覆すことができません。そこで、「旅の恥はかき捨て」と言われますが、私は旅行中でも初対面の人にいい印象を持ってもらうために訪問先でのマナーとして、相手の印象を考えて準備を整えています。

少なくともTPOに応じた服装で、どうすれば相手に与える印象をよくできるかを絶えず気にかけているのです。人として内面的な魅力を磨くことも重要ですが、この小さな努力の積み重ねも旅先での出会いから良好な人間関係を築く上で大切なことなのです。

出会いを将来に活かすにはその繋がりを持続させる

そして旅での出会いを大切にし、将来に活かすには、その繋がりを持続させることです。なぜなら、旅の達人は質の高い人脈を形成し、自分らしく豊かに生きているからなのです。質の高い人脈とは経済的に裕福な人だけでなく「教養のある人」「信用に足る人」「高い能力を持っている人」のような人たちでこのような人との出会いがあった場合は、後々も付き合っていくことで自身の世界観も広がりどんどんステージアップしていきます。

そして、このような生涯お付き合いすべき人と出会った場合は、その人から現地の役立つ情報だけでなく、「人との関わり方」を訪ねたり、日常生活で気をつけていることなどもさりげなく聞いてみましょう。私もマダガスカルで出会った現地ガイドさんと交流を持ったことで「今まで知らな

【現地で出会った人との繋がりを大切に！】

かった世界」に気づかされ、幸福感も味わうことができ、また、今日でもメールで情報交換をしています。

いい関係を持続させるためには会う時間やその回数を増やすだけでなく「相手の人に喜ばれることは何か」、「自分ができることで、相手に与えられることはないか」と常に自問自答しながら、メールや手紙で交流を継続させることです。

旅での出会いを一度限りとせず、その出会いを活かし続けることが、将来、旅する上での有益な情報入手に繋がります。

5　旅行体験で得た知恵を活かす

格安旅行術には過去の体験から得た知恵が必要

一般的に格安旅行術と言えば、「予定した旅の計画や目標を、どれだけ少ないコスト（労力、時間、費用など）で達成できるか」という戦略です。そこで利潤を追求する旅行会社でも旅行商品を企画する際には、「旅行日程（具体的な見学先など）を遂行するために、最も少ない経費で、かつ最短で旅行の目的を達成するためには、具体的にどのような手順や工夫が必要になるのか」を考えています。

そこで地図や旅行ガイドを参考に、またインターネット検索を駆使して旅行計画を練るわけですが、やはり過去の旅行体験から得た「知恵」を活かすことが一番です。

身近な例で言えば、道中「どの車両に乗るか」を考えた場合、私は電車や車に乗って、目的地に向かう際、「どの車両に乗れば、降車時に一番改札に近いか、また乗り換えに便利か？」もしくは「いつの時間帯に、どの道のどの車線を走るとスムーズに目的地にたどりつけるか？」という「電車の車両」「車で走る車線」「目的地までの最短ルート」などを意識します。

この移動時間を短縮して、目的地での「時間をつくる」ことが、最も重要なコスト削減であり、有意義な旅にするための重要事項なのです。そして、この「知恵」から創り出した時間を有効活用し、学びや気づきの時間に割り当てると同じ経費でもより価値のある旅となるのです。

知恵を身に付けるには旅行の振り返りが必要

この効率性は無駄なことを省く行為ではありますが、無駄を省くといっても最初から一切無駄なことはしないという意味ではありません。旅の楽しみは効率を考えた「交通手段」もその1つで、体験から物事の本質を学び、それを他のことに応用できる知恵を身に付けてこそ旅の幸福感が増すのです。

そこで、旅行を企画する際には、「旅行から得られる成果が、次にどうつながっていくか？」「次の旅行企画はどのようなものにすべきか」という視点を持つことが重要です。この視点が旅行の価値を高めるためのポイントで、そのためには旅行の振り返りが大切なのです。

【旅行から人生が変わる「令和を感じる旅」講演】

すなわち「旅行終了（各地を巡った）後、その体験から得た知恵をどのように活用すれば、将来の役に立つのだろう？」と自問してみてください。

この質問をすることで、旅した経験を日常生活にも役立てることが可能となり、充実した人生を謳歌できるようになります。私も昭和・平成時代のツアーを振り返り、その体験から得た知恵を紹介させていただく目的で「平成芭蕉の旅講座」という講演活動を行っています。

6　人に対して「誠実な関心」を寄せる

「誠実な関心」は聞き上手から

デール・カーネギーの『人を動かす』という本によれば、コミュニケーションのコツは、人に対して「誠実な関心」を寄せることであり、「相手の心の中に強い欲求を起こさせること」ができれば、万人の支持を得ることができると記されています。

では、この「誠実な関心」を寄せるにはどうすればよいかと言えば、私は聞き上手になることだと思います。

私はこれまで数多くのツアーに同行し、旅行資料に目を通して各地を案内してきましたが、最近ではお客様からの質問にお答えしながら案内しています。すなわち、喜ばれる旅の情報は、同じ関心を持つ人からの質問によって得られるので、旅の有益な情報を得るにも、聞き上手になって人に対して「誠実な関心」を寄せることです。

この有益な情報を効率よく入手することが格安旅行術に繋がりますので、私が心掛けている聞き上手になるコツをご紹介します。

①聞いて学ぶ

まずは相手の話に耳を傾け、相手が伝えようとしていることをしっかりと聞きます。他のことを考えていたり、次に言うことを考えたりしていたら、相手の話をしっかりと聞くことはできません。相手にきちんと向き合って、相手の話に集中することが相手への敬意を示すことになるのです。

また、言葉は気持ちと切り離すことができませんので、話を聞きながら、相手の態度や気持ちも汲み取ることで、相手の伝えたいポイントがより鮮明に見えてきます。

②「ホワット What」と「ホワイ Why」

相手は「何を（What）」伝えようとしているのか、そしてそれは「なぜか（Why）」を聞き取ることが重要です。相手の話をきちんと理解するためには、「いつ（When）」「どこで（Where）」「どのように（How）」も重要な要素ですが、まずは「何」と「なぜ」を聞き取ります。

③話の腰を折らない

相手がまだ話し終わっていないのに話をさえぎったり、反論したりすると、話し手のメッセージは絶対に伝わってきません。話し手の思考の流れがストップし、伝えようとしていた重要なメッセージから脱線してしまうこともあります。

質問や感想は、話を最後まで聞いてからにしましょう。

④的を射た質問をする

相手が話し終わったら、わかりにくかった点や、更に説明して欲しい点などについて、的確な質問をしましょう。こうした的を射た質問をすると、どれだけ自分の話が伝わっているのか、話し手は判断することができます。相手の話がすべて終わって、質問に対する答えも返ってきたら、聞き漏らしたことはないかどうか確認しましょう。

⑤同意点、共感できることを探る

最後には貴重な話を聞くことができたという感謝の気持ちを相手に伝えましょう。判断を下すのは話の内容を完全に理解してからで、こちらの意見や感想を相手に言うのは、一呼吸おいてからにします。そして、相手の話を聞いたら、それを自分なりに翻訳し、自分自身の言葉でもう一度言ってみましょう。

これは、相手が伝えたかった内容を自分自身がきちんと理解したかどうかを確かめるために、必要なプロセスです。人は、自分が賛成できない話を聞くと相手の話を聞くのを止めて反論方法を頭の中で探してしまいがちですが、しっかりと相手に集中し、同意点や共感できることを探るようにすれば、意見の相違と思われた多くのことは雲散霧消します。

旅行中に有益な情報を得るには、自分の語りたいことを話すのではなく、聞き上手になることです。言葉は考えやアイディアを表現するための媒体であることを理解し、相手に「誠実な関心」を示すことができれば、相手から有益な情報が得られます。

そして有益な情報は多くの人に共有していただくために公の場で紹介しましょう。令和の時代は「共感」がキーワードです。

「傾聴」する目的は「共感」にあり

「共感」とは、相手に誠実な関心を寄せて、相手が話した事柄を理解するだけでなく、相手がどんな心情や感覚なのかを把握することです。すなわち「心の耳」を傾け、相手の言葉の奥に潜む「心の声」を聴き、真の気持ちを理解する「傾聴」の感覚です。

なぜ傾聴して心の声を聴くべきなのかというと、相手が発する言葉だけでは、相手の気持ちがわからないこともあるからです。人間は時に心にもないことを平気で口に出したりします。言葉には出なくても、「言外」に本心が表れていることもあります。話の流れや相手の態度などから、「なぜ、この人はそう思うのか」を見極めましょう。

傾聴の目的は「共感」であり、「同感」ではありません。「同感」とは、自分の経験と相手が話す内容とを照らし合わせて共通点や相違点を見つけ、「自分」がどう感じるかというものです。それに対して共感とは、「相手」がどう感じるのかがわかることです。

旅におけるコミュニケーションは双方向のものですから、相手との話が弾むように自分からも働きかけ、「自分の気持ちがわかってくれた」と相手に実感してもらうことが重要です。

【坂本八幡宮の「令和」記念碑と著者】

あとがき

私は還暦を過ぎてからの旅を通じて、人は「肉体的な老化」より、「感情の老化」に注意すべきであることに気が付きました。「感情の老化」とは耳慣れない言葉かもしれませんが、「感情」も使っていないと老化するのです。例えば、自分の人生を「こんなものだ」と諦めてしまうと「感情の老化」が始まります。

そして感情が老化すると、新しいことに挑戦する意欲を失い、無感動となり、それが「記憶力の低下」、「体力の衰え」といった本格的な老化現象に繋がります。最近の研究では、人間の脳は諦めない限り、中高年になっても、限りない可能性を秘めていることがわかっています。この可能性は新しいことに挑戦し、それを「習慣化」することで花開かせることができるのです。今日のように生活が便利になると、私たちの感情も老化しがちですが、私は「自分の可能性」を再発見するためにも、旅に出かけることをお勧めします。

人々の価値観は時代と共に変化し、旅の在り方も変化しつつありますが、旅の目的が観光であろうと視察であろうと、私は訪れた土地の生活文化を知り、日本人として先祖伝来の伝統文化を振り返ることはとても重要であり、「旅の質が人生をきめる」と考えています。

私のペンネームである平成芭蕉の「平成」という言葉は、中国の歴史書からの引用で『内平外成（内平らかに外成る）』、『地平天成（地平らかに天成る）』という「平穏で周囲と仲良くする」といった想いが込められています。

そこで、私の旅のコンセプトは一にも二にも旅行中に「共感する関係」を築くことです。すなわち旅仲間や現地で出会った人といい関係を築き、同じ時間を過ごすことによって、感動を共有することです。もちろん、名所・旧跡からも多くの気づきや学びがありますが、私の場合はまずは「人との出会い」を旅の想い出の第一と考えています。

なぜなら旅の究極の楽しみは、時を共有した人との「再会」だからです。平成芭蕉の「平成」の時代は幕を閉じて、新しい「令和」の時代を迎えましたが、平成芭蕉は令和の時代も「人生が変わる旅」を続けています。

黒田　尚嗣

著者略歴

黒田　尚嗣（くろだ　なおつぐ）

三重県伊賀市（俳聖松尾芭蕉の生家の向い）出身。
幼少期は三重県名張市黒田荘（「黒田の悪党」で有名）という伊賀流忍者の里で過ごす。慶應義塾大学経済学部卒業後、近畿日本ツーリスト株式会社入社。銀座海外旅行支店に配属され、海外団体営業を担当。
現在は、同じ近鉄グループのクラブツーリズム株式会社テーマ旅行部顧問、一般社団法人日本遺産普及協会監事、一般社団法人日本旅行作家協会会員として「旅行＋知恵＝人生のときめき」をテーマとした講座や旅行の企画、ツアーに同行する講師やガイドの指導育成に携わり、自らも「旅の語り部」として活躍している。
また、「旅行から人生を変えるアドバイザー」として、人生100歳時代の旅のあり方や旅の楽しみ方についても講演活動を行っている。
★ 座右の銘『温故知新』
★ 趣味　ゴルフ、ドライブ、シャーロッキアン
★ 連載『ZakZak by 夕刊フジ』連載　世界遺産旅行講座
https://www.zakzak.co.jp/lif/rensai/lif33641.html

平成芭蕉の旅指南
人生が変わるオススメの旅〜旅の質が人生を決める

2023年6月29日　初版発行

著　者　黒田　尚嗣

発行人　森　　忠順
発行所　株式会社 セルバ出版
〒113-0034
東京都文京区湯島1丁目12番6号 高関ビル5B
☎03（5812）1178　FAX 03（5812）1188
http://www.seluba.co.jp/
発　売　株式会社 三省堂書店／創英社
〒101-0051
東京都千代田区神田神保町1丁目1番地
☎03（3291）2295　FAX 03（3292）7687

印刷・製本　株式会社丸井工文社

Printed in JAPAN
ISBN978-4-86367-821-7

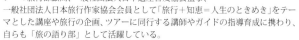